高效求职

简历、笔试、面试
一本通

娄晓宇 —— 编著

U0314019

求职技巧全攻略，助你轻松拿到心动的offer

建议配合线上资源使用本书

配套视频	52节配套微课视频，一看就懂的求职实战技巧。
配套课件	在线PDF课件，随时随地轻松学习。
书内拓展内容	延伸内容开阔视野，技能提升一点就通。

微信扫码
开启提升之旅

★ **一对一求职辅导**：专家在线答疑，轻松打造优质简历。

★ **读者求职交流群**：交流求职经验，分享学习心得。

资源使用步骤
① 扫描本书二维码
② 关注出版社公众号
③ 选择需要的资源或服务，购买或免费领取

化学工业出版社

· 北京 ·

内 容 简 介

本书以"高效求职"为主题，围绕求职应聘中的中英文简历制作、申请与投递、笔试、面试以及最终获取offer（录取通知）入职五大环节，以企业视角解释各招聘环节设置的目的及其背后的评价机制，并给予读者相应的应对策略和技巧。

本书定位是"实用型工具书"，强调所述内容的实用性，突出各种方法和技巧的易操作性，在所有关键知识点和方法技巧的讲解中配以大量实例，确保读者能直观和准确地理解其中精髓。本书重点关注求职者在各行业和企业求职时的实际场景与体验，尤其是可能遇到的各种高频问题，并基于此为读者提供有价值且能落地的方法和建议，确保读者学以致用，快速提高求职技能，成功拿到理想offer，顺利入职。

图书在版编目（CIP）数据

高效求职：简历、笔试、面试一本通 / 娄晓宇编著

. — 北京：化学工业出版社，2022.7（2023.1 重印）

ISBN 978-7-122-41158-7

Ⅰ.①高… Ⅱ.①娄… Ⅲ.①职业选择 Ⅳ.①C913.2

中国版本图书馆 CIP 数据核字（2022）第 057453 号

责任编辑：夏明慧　陈　蕾　　　　　　　　　美术编辑：王晓宇
责任校对：王　静　　　　　　　　　　　　　装帧设计：水长流文化

出版发行：化学工业出版社（北京市东城区青年湖南街 13 号　邮政编码 100011）
印　　装：大厂聚鑫印刷有限责任公司
710mm×1000mm　1/16　印张 16　字数 192 千字　2023 年 1 月北京第 1 版第 2 次印刷

购书咨询：010-64518888　　　　　　　　　　售后服务：010-64518899
网　　址：http://www.cip.com.cn
凡购买本书，如有缺损质量问题，本社销售中心负责调换。

定　　价：69.80 元　　　　　　　　　　　　版权所有　违者必究

前言

开宗明义：这是一本写给求职者，尤其是初次求职者的求职工具书。

对于绝大多数普普通通的"打工人"来说，在长达40年甚至更长的职业生涯中，我们要学习很多职场生存技能，比如：

- 学习如何跟你的领导、同事以及下属们打交道；
- 学习如何跟团队协作，如何领导团队、激励团队、管理团队；
- 学习如何制定工作目标，如何拆解目标并计划和控制流程；
- 学习如何做好一份PPT、讲好一份PPT，说服大家接受你的想法；
- 学习如何化解工作中的分歧、矛盾甚至是冲突；
- 学习如何平衡复杂的利益和人际关系，在一个组织得以生存。

我们每个人都是从"职场新手"开始，一路升级，慢慢变成"职场老手"。而在我看来，职场修炼的底层能力恰恰是最容易被人忽略的——求职技能。

相比于过去的"铁饭碗""金饭碗""从一而终""子承父业"的就业观，今天的就业观早已发生了天翻地覆的变化。最直观的表现就是一个人跳槽的频率越来越高，平均在一家公司任职的时间也越来越短，尤其是在一线和新一线城市，这种现象更是普遍。这就使得"找工作"这件事不再是低频事件。

这是时代赋予这代人的机会：只要你敢想敢做，你总有选择；

这是时代给予这代人的挑战：你需要时刻做好准备，因为你随时可能被动跳槽。

做什么样的"准备"呢？首先就是学会求职。在我看来，求职技能既是生存技能，又是职场技能。学会求职，应该是所有职场人以及即将步入职场和社会的年轻人的必修课。但很遗憾，这门课，绝大多数人都是不及格的，甚至完全没上过。

职场变化太快了，快到前人的经验已经无法为后辈们提供支持。如今的90后和00后，父母还是60后和70后的居多。而60后、70后这代人面对的社会竞争和挑战，无论强度还是规则的复杂程度都跟今天有着天壤之别。所以父辈们的求职经验对于今天的90后和00后而言参考意义不大。

至于学校，虽然不排除少数学校里少数老师的就业指导工作做得很扎实，但这个比例确实较低。绝大多数大学的就业指导课程都是由辅导员完成的，而辅导员们参与校园招聘和社会招聘的经验往往较少。于是高校就业指导课内容多为理论知识和心理学测评。并不是说这些内容无用，相反我认为它们非常有用，但这些知识不够落地，不能解决学生眼下的求职问题。这样的就业指导课相当于只上了一半。

我写这本书，就是希望把这"缺失的一半"补上。

这本书的定位是工具书，所以内容上力求简洁、直观。全书一共有五章，涵盖了求职中的五大主题：简历、申请与投递、笔试、面试、入职。

第1章，简历。这是本书第一个重点，主要讲解企业筛选简历的背后机制与原理，以及在这种机制和原理下如何把简历做好。建议读者可以一边读一边拿出电脑，无论是没有简历从零做起，还是已经有简历要重新优化，学习后都会使你有所收获。

第2章，申请与投递。主要介绍校招中的网站申请、邮箱投递、宣讲会、内部推荐等环节中的细节和注意事项。这部分内容并不难，核心还是解答一些初次求职者在申请和投递时遇到的常见困惑。

第3章，笔试。主要介绍各类企业在校招笔试环节可能出现的认知能力测试和专业能力测试题，让大家了解这些题的命题机制以及题型分类，并给出相应的笔试备考建议。

第4章，面试。这是本书第二个重点，分别介绍群体面试和单独面试的形式与流程、考察侧重点和评分机制、题型分类以及相应的作答技巧。在群体面试中，会总结一些在考场上最为常见的场景，并给出相应的应对技巧；在单独面试中，会针对最高频的几个面试问题及其相应的衍生问题做分析和讲解，并给出答题范例。

第5章，入职。这一章会对录用意向书、offer、三方协议、劳动合同等求职者即将面对的概念做介绍，并详细讲解用途、签署注意细节、企业可能出现的正规或不正规的操作等内容。

需要注意的是，本书所述求职技巧为通用求职技巧，在绝大多数行业、公司和岗位的招聘中均适用。书中所选案例和例题也遵循热门优先原则，尽量照顾到时下最受毕业生群体关注的行业、公司和岗位。虽然不排除个别公司和岗位在某些招聘环节与本书所述内容可能存在较大差别，但对于绝大多数的同学来说，本书所述内容在未来求职中都可能用得上。

赠人玫瑰，手有余香。感谢化学工业出版社的诚意邀稿，使我终有机会将十余年求职辅导经验编纂成书，跟更多同学见面。也感谢冯晨老师、杨彤彤老师、朱营玺老师在写作过程中给予的帮助。也感谢方圆女士在整个写作过程中给予我的耐心陪伴和鼓励支持。但我更想感谢的是这本书的读者，广大的毕业生们和求职者们，你们是我写作的动力来源，更是我十余年来坚持从事生涯辅导和就业辅导工作的原动力。希望这本书可以成为我对你们最好的回馈，助你打开理想的职业生涯。

娄晓宇

2022年1月

目录

第1章　简历

1.1　企业如何筛选简历　/2

　　1.1.1　第一步，机选　/2

　　1.1.2　第二步，人选　/5

1.2　简历写作的基本原则　/11

1.3　内容模块与排版布局　/19

　　1.3.1　内容模块　/19

　　1.3.2　排版布局　/21

1.4　各模块内容的写作技巧　/25

　　1.4.1　个人基本信息　/25

　　1.4.2　教育经历　/28

　　1.4.3　实习经历　/31

　　1.4.4　项目经历　/38

　　1.4.5　校园经历　/44

　　1.4.6　其他信息　/46

1.5　高阶技巧：如何将实习实践经历写出彩　/50

　　1.5.1　内容撰写技巧　/50

　　1.5.2　书面表达技巧　/56

　　拓展：关于"STAR法则"　/62

1.6　英文简历中的注意事项　/64

第2章 申请与投递

2.1 网站申请 /71

2.1.1 网站申请注意事项 /71

2.1.2 常见被淘汰原因 /74

2.2 邮箱投递注意事项 /76

拓展：海投、宣讲会和内部推荐 /82

第3章 笔试

3.1 笔试常识 /92

3.1.1 笔试的目的 /92

3.1.2 笔试的内容 /92

3.1.3 笔试的形式 /93

3.1.4 笔试的评分 /94

3.2 认知能力测试 /94

3.2.1 笔试与题库供应商 /94

3.2.2 内资题库 /96

3.2.3 外资题库 /104

3.3 专业能力测试 /113

3.4 笔试的难点与准备工作 /121

3.4.1 笔试的难点 /121

3.4.2 笔试的准备工作 /123

拓展：如何应对性格测试 /125

第4章 面试

4.1 群面：无领导小组讨论 /128

4.1.1 无领导小组讨论的本质和难点 /130

4.1.2 无领导小组讨论面试流程 /134

4.1.3 无领导小组讨论的评分规则 /146

4.1.4 无领导小组讨论的常见题型、解题思维与解题技巧 /148

4.1.5 无领导小组讨论中的高频场景与应对技巧 /174

4.2 单面 /182

4.2.1 单面中的面试官 /183

4.2.2 单面题目的题型分类、命题原理及回答要点 /185

4.2.3 高频面试题精讲 /200

4.3 视频面试和电话面试 /226

4.3.1 面试官：HR或第三方招聘专员 /227

4.3.2 目的：初筛——提高效率，降低成本 /227

4.3.3 注意事项 /228

4.3.4 疫情下的视频面试 /230

4.4 VI面试与AI面试 /230

4.4.1 一种更为高效的初筛面试 /230

4.4.2 面试题目 /231

4.4.3 面试目的 /234

4.4.4 注意事项 /235

拓展1：单面的难点——输入与输出&理性认同与感性认同 /236

拓展2：面试中应该如何谈薪 /236

拓展3：面试结束后可以做些什么以提升录用率 /236

第5章 入职 ——————————

5.1 录用意向书与offer / 238

　　5.1.1 什么是录用意向书？ / 238

　　5.1.2 什么是offer？ / 239

　　5.1.3 offer和录用意向书的法律效力 / 239

　　5.1.4 offer小贴士 / 240

5.2 三方协议 / 241

　　5.2.1 什么是三方协议 / 241

　　5.2.2 三方协议的用处 / 242

5.3 劳动合同 / 242

　　5.3.1 什么时候签劳动合同 / 243

　　5.3.2 劳动合同怎么签 / 243

结语 / 244

附录 / 246

—— 第 **1** 章 ——

简历

企业招聘中筛选候选人的第一步，大概率都是从简历开始的。简历等于是求职者的名片，是求职者跟企业的第一次对话。由于"第一印象"效应的存在，简历对于整个求职来说是最为重要的。后续的面试环节中，面试官或多或少都是带着这种"预设的印象"去看待候选人的。

1.1　企业如何筛选简历

既然简历是给企业看的，自然要先了解企业是如何筛选简历的。了解企业筛选简历的逻辑，洞察其中的标准和规则，是做出好简历的前提。

1.1.1　第一步，机选

所有公司都是采用"先淘汰、后匹配"的简历筛选策略，这也是最经济、最有效率的策略。尤其是大公司的招聘，岗位多，招聘体量大，再加上自身影响力强，简历往往是过量的，所以简历初筛环节的效率至关重要。

以四大会计师事务所为例：每家公司在秋季校园招聘（简称"秋招"）时通常会收到10万份左右的简历，这些简历需要在网上申请（简称"网申"）结束前（最多30个工作日）处理完，假设每家公司都有10个HR（人力资源管理人员）专门做简历筛选工作，每人每天8小时只干这个，那么平均筛一份简历花掉的时间大概是80多秒。但在实际情况中，即便大型集团性的公司，校招HR团队也很难达到10个人的规模。所以坊间流传"HR筛简历只需要30秒"的说法并不夸张。

提升效率，最直接的办法就是排除法，也就是先把大量不符合要求的简历淘汰掉，然后再根据不同部门和岗位的要求在剩下的简历里慢慢挑选做匹配。

简单粗暴的做法，是为所有岗位都设置一个或多个硬性门槛，比如学历、学校、专业、资格证书、外语成绩等，候选人的简历只要有一条或多条不达标，就被淘汰。

随着招聘信息化程度越来越高，使用自主开发的或第三方的ATS（Applicant Tracking System，申请人跟踪系统）可以简单地将这些硬性要求录入系统，由系统自动判断，直接过滤掉大量不达标的简历。所以在大公司的校园招聘（简称"校招"）中，"先淘汰、后匹配"的策略就演化成了"先机选、后人选"的工作流程。而小公司受限于信息化条件，这种淘汰性的初筛也是由人工完成的，筛选的逻辑跟机器一样，HR快速扫一眼简历，发现有硬件条件不达标的就把这份简历分拣出去，留下的再进入下一轮筛查和匹配。

很多应届生在参加校招时都会对各大公司的网申环节不胜其烦。相同的内容，申请每家公司都要重新填一遍，工作量非常大。其实网申的过程就是把你的个人信息录入到企业ATS系统中的过程，便于企业通过系统快速进行机选。

这种简单粗暴的做法虽然效率高，但难免出错，而且也显得不够严谨。于是，现在市面上绝大多数的ATS系统都有了给简历打分的功能，企业可以根据自己的情况为简历中的每个结构化字段设置权重和评分标准，通过机器识别的方式，对简历进行打分。每家公司筛选的标准和逻辑不尽相同，有的可能很看重学校，有的会看重专业，有的会在乎英语成绩，相应的权重和评分标准就都会有差别。将由系统打分后的简历按照分数高低做排序，再按照末位淘汰的原则进行筛选。如下是某ATS系统的简历评分标准示例。

某ATS系统的简历评分标准

专业	完全匹配专业	相关专业	不相关专业
建议分值	30	10	直接淘汰
毕业院校	重点目标院校	重点院校	普通院校
建议分值	15	10	5
英语考试	CET6/TEM8优秀	CET6/TEM8通过	CET4/TEM4优秀
建议分值	20	15	5
奖学金及奖励	获得奖学金或公认荣誉三次及以上	获得奖学金或公认荣誉三次及以下	未获得奖学金或公认荣誉
建议分值	10	5	0
……	……	……	……

无论是简单粗暴的淘汰，还是看起来更严谨的打分，在校招中，这些被淘汰的不合格简历，主要呈现的问题集中在以下3个方面。

1. 身份不符合

校园招聘中，企业对应届生的身份界定是不一样的，尤其是私企和民企。以2021年秋招为例：有的企业会认定2021年1月至2021年12月毕业的同学都是应届毕业生，是可以参加2021年秋招的；而有的公司则会认定2020年9月至2021年7月毕业的同学才算是应届毕业生，才能参加该公司的2021年秋招。如果你的身份不符合，在网申填写时也会被系统自动过滤掉。

若你对自己的应届生身份不确定，建议直接致电或发邮件给这家公司的HR询问，得到的答复才是最准确的。因为每家公司都对它所认定的应届毕业生身份拥有"最终解释权"。

2. 硬件不达标

即学历、学校、专业、标准化考试成绩、各种资格证书等未达到企业设置的硬性标准。即便在ATS打分机制下，如果你的条件不符合，相应的简历评分就会很低，大概率还是会排在末尾被淘汰掉。

3. 简历不完整

如果是在网申系统中填写简历，你会在系统中看到很多项目都是非必填项。虽然这些非必填项空着不填也能提交申请，但它们会决定你所提交简历的完整度。完整度越高，说明信息越充分，过筛的概率越高；完整度越低，说明信息有缺失，过筛的概率也越低，这是很容易通过系统识别和判断的。同时，简历的完整度也体现了候选人的态度，毕竟连申请都懒得认真做好的人，对于进入这家公司可能也不会有多强烈的意愿。

当然，那些错过了最晚申请时间的简历，即便没有前面3个问题，大概率也会被过滤掉，或者说根本就没有被系统收录，必定会被淘汰。

1.1.2　第二步，人选

通过了初筛的简历就会进入人选环节。这个环节一般会涉及HR、用人部门和公司高层三个角色，不同角色在筛选简历时关注的侧重点会有细微差别。

1. HR筛选

由于HR不可能做到对每个部门和每个岗位的要求都理解得非常透彻，他们对每个岗位的专业能力要求的拿捏和判断会弱一些。因此HR在筛选简历时往往会更关注简历中所体现的综合职业素养、求职动机与意向以及简历本身的合理性和真实性。

（1）综合职业素养

综合职业素养通常包括团队合作、人际交往、沟通与表达、领导力、事业心、责任感、学习能力、抗压能力、适应性、稳定性、进取心、自驱力、问题分析与解决、创新与卓越、积极主动等能力和素养。

（2）求职动机与意向

求职动机与意向是指通过分析候选人简历中每段经历的连贯性和内在一致性，判断候选人真正的求职动机和意向。如果一份简历中的实习经历在行业、业务、岗位上都跨度太大，一会儿做销售、一会儿做研发，一会儿在地产、一会儿又在医药，每段经历之间毫无关联，那么基本可以判断这个候选人并没有清晰的职业规划和职业发展目标，也就缺少在某个领域扎根并长期发展的自驱力。在HR看来，这样的候选人在入职后的稳定性通常不高，对于公司来说也不具备长期培养的价值。

（3）合理性和真实性

合理性和真实性是指简历没有逻辑上的明显硬伤。如每段经历的时间是否有明显不合理的重叠，或者让人疑惑的断档和空白；学历和学位是不是存在明显造假或者隐瞒的情况；实习经历是不是存在明显夸大虚构的情况等。HR会依据自己的经验去判断和识别这些潜在风险。

2. 用人部门筛选

经过HR筛选的简历会流转到各个部门和业务线，由相关负责人（或资深员工）判断每份简历与它所投递的岗位是否匹配，是否要约面试做进一步深入沟通和了解。这些人在看简历时，更关注一份简历中是不是有"能证明这个人招进来就能上手干活儿的证据"。如互联网公司招聘产品经理，那么看简历的人大概率本身就是产品经理，所以他更希望能在简历上看见直接与产品相关的实习或项目经历。

当然，实际的筛选过程和逻辑要复杂得多，而且非常依赖筛选者自身的专业能力和经验。不同行业、公司和岗位，不同的简历筛选者，在筛选标准和尺度的拿捏上都会有所差别。

结合多年做招聘、做就业辅导、做简历修改的经验，以及我十多年来跟众多各行各业招聘官沟通的结果来看：抛开主观偏好，用人部门在筛选简历时主要会关注"在哪里""做了什么""成绩如何""怎么做的"以及"可信度"这5个方面。

（1）在哪里

"在哪里"指的是经历发生的场景。比如实习的公司、部门、岗位，在学校做了某个学术研究项目，在某个校外组织做了某个实践项目，等等。如果这个场景本身跟你所应聘的工作相似度很高，那么这段经历就是匹配度比较高的。

比如：应聘电商运营，而你的实习经历刚好就是在一家电商平台的运营部门工作，这是最直观的高相关性；应聘一家公司的销售或商务部门，而你之前在学校的外联部做了两年的干事和部长，这也算是相关，但因为学校跟职场还是有差别，所以这个相关度会弱一些。

（2）做了什么

"做了什么"也即你在这段经历中都做了哪些具体的事情。用人部门通过这个细节能快速判断"你简历上的这段经历中所做的事情"跟"你所应聘的岗位未来需要你做的事情"之间有多大关系。

如果是完全重叠的，匹配度自然就高。

比如：你应聘的是一家化工企业的新材料研发岗位，该岗位要求你能熟练进行高分子材料的模拟实验工作。而研究生期间你恰好有这方面的学术项目，对于这类模拟实验轻车熟路，那么两者的匹配度就是很高的。

再比如：你应聘的是一家互联网公司的新媒体运营岗位，该岗位要求你对养宠物的年轻人群体有比较深的了解，而且最好做过宠物类公众号、小红书号等。而你恰好养猫，不仅自己已经独立运营过自己的萌宠小红书号，还在B站发布过大量与萌宠相关的视频，而且两个平台都是从零启动，颇有心得。那么两者的匹配度就是很高的。

如果有相似和重叠的部分，那可以进一步聊聊。

　　比如：你应聘的是一家公司人力资源部门的招聘专员岗位，需要你具备发布和宣传招聘信息、筛选简历、通过电话与候选人初步沟通并邀约面试的经验。虽然你没做过正式的招聘实习，但在学生会期间你一直担任秘书长的职务，每年学生的招新纳新工作都是你负责的，其中就涉及发布并宣传招新信息、筛选合适的人选、沟通和面试等工作。这些工作虽然跟企业里的招聘工作会有一定差异，但大体上是相似的。对于简历筛选者来说，如果你其他方面的条件很不错，那大概率是可以得到一个面试机会的。

（3）成绩如何

　　"做了"不等于"做好"，用人部门手中满足"做了"的简历可能有很多，这时候就需要看看谁做得更好。所以经历只能体现你具备某些能力，但不能证明你在这些能力上的表现足够优秀，是符合企业要求的。

　　怎么判断谁做得更好呢？就是看你做出了什么成绩或成果。成绩的好与坏，最直观的就是看数字。这个数字可以是绝对值，也可以是相对值，可以是百分比，也可以是排名。以实习中的工作成绩为例：

◆ 配合大堂经理为办事客户提供向导服务，累计服务逾**2000**人，**3**个月实习期内保持零投诉记录。

- 独立承担××理财产品针对××区客户的销售任务，通过电话营销的方式，**1个月**内累计呼出销售电话**1200个**，识别高意向客户**61位**，成功销售理财产品累计**211万元**，占团队总任务的**77%**，在同期6位实习生中位列**第一**。

- 作为负责人，带领**15人**团队执行某品牌在××大学城的推广与销售工作。在**3周**的推广期内，累计完成销售额**19.8万元**，位列同期所有团队的**第一名**。

- 通过校内论坛、微信朋友圈、寝室扫楼的方式，成功实现了某品牌在大学生群体中的曝光和认知度的提升。在企业后续的市场调研反馈中，所负责的区域内，客户对产品的整体认知度提升**57%**，NPS（净推荐值）提升**43%**。

- 配合产品经理，用**4天**时间重新设计了网站注册流程，并**一次性**通过了技术评估，大幅优化了用户的注册和登陆体验。

- 策划并设计了全新的用户拉新奖励机制，并配合节日主题同运营部门一起组织并负责执行用户拉新活动。**一周**活动期间带来新注册用户**4万人**，同比增长**400%**，激活老用户**7万人**，网站日活同比提升**193%**。

这些数字不仅让你的工作成绩和水平一目了然，而且从简历筛选者的角度看，这段经历本身的可信度也高了不少。

另外，用人部门不仅关注你所做的这件事的最终结果，对于过程也会关注。

> 比如：通过电话营销的方式，**1个月**内累计呼出销售电话**1200个**，识别高意向客户**61位**，成功销售理财产品累计**211万元**。

"1个月"，"1200个"电话呼出量，"61位"高意向客户，这些都是达成"211万"业绩不可或缺的关键动作。如果省略了这些过程细节，就有可能会降低这段经历在对方眼中的可信度。

（4）怎么做的

除了通过成绩来区分简历之间的能力水平差异，"是否体现了工作方法细节"也是用人部门用来区分简历的方法。工作方法细节包括但不限于：方法、工具、技能、语言、技术、框架、模型、思路、平台等。例如：

◆ 审计200多份财务报表，**使用Excel中的VLOOKUP函数识别重复条目**，使工作效率提升了200%。
◆ **运用波特五力模型**分析日化类快消品企业的经营环境和竞争格局。
◆ **使用SAP**管理和跟踪公司103个采购项目的进展。
◆ **使用Sketch和Axure**制作了50张产品原型图。
◆ **使用Python的Flask**搭建网站管理后台。
◆ **通过调查问卷和焦点小组访谈**收集消费者对品牌的偏好与体验。
◆ **通过IT橘子、鲸准等平台**主动联络并访谈了新消费、云计算、区块链等热门领域的22个创业公司创始人。

如果岗位JD（即岗位职责与能力要求描述）中明确提出了"要求具备"或"最好具备"某些工作技能、方法，那么这些词条就会成为用人部门在筛选简历时重点关注的关键词之一。

（5）可信度

面试时，面试官可以通过不断追问细节来判断候选人的回答是不是真实可信的。筛选简历时也是这个逻辑——看细节。细节越多，可信度就越高。哪些细节能提升可信度呢？如前所述，有数字细节、过程细节和方法细节。

3. 公司高管筛选

经过前面两轮筛选，对于一个候选人"是否胜任"基本上已经不存在疑问了。作为公司的高层管理者，更看重的则是发展潜力、可塑性，以及站在整个团队的角度去考虑这个候选人是不是合适的。比如：希望新人的加入带来"鲶鱼效应"，或者调整整个团队的年龄结构、学历结构、知识结构；希望有不同背景的人加入，为团队带来不一样的思维模式和工作习惯，等等。

当然，这3类人并不是涵盖了所有筛选简历的角色，某些情况下也有特例，比如：招聘体量特别大，HR筛选环节公司内部的HR团队完全不够用，就要聘请第三方机构帮忙完成简历筛选工作。

1.2 简历写作的基本原则

了解了企业筛选简历的逻辑，我们就很容易总结出几条关于简历写作的基本原则。这些原则贯穿整个简历写作的始终，总结成一句话就是：换位思考，把简历当成一件产品，从阅读者的体验出发，思考如何提升对方的阅读体验，降低对方的阅读成本，避免阅读上的歧义，确保你想要传达给对方的东西都能如实地被对方读懂。

我进一步把这句话拆解成7个具有可操作性的建议。

1. 履历vs简历：突出匹配性，一岗一简历

建议同学们在做简历之前，先做一个"履历"。履历是流水账，无差别地把所有的经历都列出来，形成一个个人档案数据库。履历的内容会很多，篇幅也会很长，它不是用来投递的。

简历是履历的升级版本，应结合应聘的目标岗位，从履历中有意识地筛选有价值的（匹配的、有相关性的）经历，然后重新排版组合成可以用来投递的版本。

🔍 **小提示**

不建议大家一份简历海投所有岗位。如果你在整个求职阶段的目标有多个，比如目标1是互联网产品+运营，目标2是快消的市场和品牌，目标3是房地产公司的投资拓展，那你应该准备3个版本的简历，分别对应这3类岗位。这3版简历主体内容基本一致，但在相关经历的选择上应该是有差别的。即便所选的经历相同（比如目标1和目标2都选择了一段市场营销方面的实习经历），但在经历的具体描述，尤其是关键能力点（关键词）上的表述也应该是有差别的，这样才能使每版简历都尽可能地匹配到岗位要求，提高简历过筛的成功率。

2. 实事求是：不要无中生有，不要夸大事实

"简历美化"是我在各种讲座和授课中被同学们问到最多的话题。到底如何美化？美化到什么程度是合理的？其实操作起来是较难拿捏的，程度也不太好界定，但在我看来有2个底线是不能逾越的。

① 不要无中生有。做过就是做过，没做过就是没做过，千万不要虚构或者把其他人的经历抄过来自己用，这是彻头彻尾的造假行为。

② 不要夸大事实。是参与的就不要说成领导的，是做辅助性工作就不要说成是突出贡献，这种所谓的美化可能会提高简历的过筛成功率，但面试时给企业的感觉会非常差。求职毕竟是个完整的流程，拿到offer（录取通知）才是

目标，单纯为了简历过筛而夸大事实是不可取的。

3. 力求简洁：应届生一页纸，经历丰富也不要超过两页

简历的篇幅对于校园招聘来说一般要控制在一页纸内，在社会招聘中，则可根据自己的过往工作经历，酌情控制篇幅，但最好也不要超过两页。

如果做完简历发现内容超过一页，最好再重新检查一下内容，大概率是可以找到一些不必要的、没价值的、跟求职目标匹配度不高的内容，可以直接删除。如果删了之后，还是超过一页，但超出的部分不多，这时候则可以通过排版技巧来压缩篇幅，把内容都控制在一页之内。

某些特殊的情况，比如应聘岗位专业性极强，需要大量学术科研项目来体现自己的专业能力，这时候简历可以超过一页，但仍然建议控制在两页内。

4. 表述专业：在职场语境下跟对方对话

学生写简历最大的问题就是表述不专业，造成这个问题的核心原因是职场跟学校的话语体系完全不同。

举个例子：很多公司非常看重求职者的学习能力。对于学生来说，在学校的语境中，学习能力经常被理解成学习成绩。所以当一个学生在面试中被问及"说一个过往经历来体现你的学习能力"时，往往会以"在校学习成绩好、绩点高"，或者"担任学习委员、拿了奖学金"等作为证明自己学习能力强的经历。

但在职场语境下，多数企业期待的学习能力是一种"快速学习、活学活用"甚至"现学现卖"的能力。职场人的成长模式看起来都有那么点"野蛮"，最常见的模式是：接到一个完全没做过的任务→压力很大→从头学起、边学边做→磕磕绊绊、摸爬滚打、终于交差→能力和经验都得到锻炼和提升。按照这个模式，循环往复，完成一个又一个任务，一路升级，最终成为强者。

5. 有主有次：亮点突出，让对方第一眼落在有价值的"黄金区域"

简历上应该有全篇突出的重点，称之为"黄金区域"，它应该是整个简历上篇幅占比最大的部分，至少占50%的篇幅。而50%的篇幅里需要放的，就是你与应聘岗位之间匹配度最高的内容。绝大多数情况下，这些内容应该是各种经历，根据应聘岗位的不同，可能是实习经历，可能是学术和项目经历，可能是创业经历，也可能是校园经历。我们的目的很明确，就是让看简历的人在读到这部分内容时能静下心来细细地读，而不是一扫而过。如果简历全篇没有这样的"黄金区域"，每个模块的内容占比都很平均，给人感觉很松散，那么看简历的人就很容易对每块内容都一扫而过。

6. 由近及远：所有经历都务必倒叙

倒叙是写简历的基本规则，简历中所有经历都应该按照倒叙的方式排列，先写最近发生的，然后再由近及远写更早之前的事情。比如：教育经历就应该从最高学历开始写起；实习经历就要从最近的一份实习开始写起。

7. 换位思考：不要把"问题"丢给看简历的人

我从2011年开始给包括学生、职场人在内的各行各业各岗位求职者做生涯咨询和就业辅导，看过的、改过的简历不下万份，让我最头疼的简历就是那种把"问题"丢给我的人，这个"问题"指的就是"您觉得我适合做什么"的问题。主要有两种情况，一种是简历一片空白，另一种是简历中的各种经历之间缺乏内在联系。

第一种情况如下面的例子所示。

李小小

178-7788-8877 | 1234567@qq.com

教育经历

2016.09-2020.07 　　　　　　×××大学 　　　　会计学 　　　本科

- 微观经济学这门课中取得好的成绩，并且为其他同学答疑解惑
- 管理学成绩76分
- 专业会计课获得82分
- 财务管理，统计学，审计等课程成绩优异

实习经历

2017.01-2017.02 　　　　　×××会计师事务所 　　　　税务实习生

- 通过电话沟通养老保险公司，并配合领导办理4笔退税业务

校园经历

2016.06-2016.06 　　Night Noodle Market（×××市最大的美食节） 　　成员

- 组织7人团队，在为期两周的美食节活动中推广中国传统小吃

其他信息

- 英语：熟练，可作为工作语言
- 计算机：熟练使用MS Office中的Excel、Word、Powerpoint，可使用统计学知识利用Excel进行简单的数据统计和分析

案例中"李小小"的简历大量空白，经历也非常单薄，几乎看不到任何求职意向，除专业外也无法识别其他任何能力。

这类简历，单从呈现的内容来看，完全看不出求职者的求职意向，这点在应届生身上非常多见。很多同学由于不同的主客观因素，在校期间没能做好职

业探索，也没有很深的自我认知，对于将来要做什么浑然不知，自然就没有有意识地塑造简历的想法，只是照着网上的模板，把上学期间的这点事都列了上去，完全没有指向任何一个行业或岗位。企业看到这样的简历，第一反应就是"这个同学在问我：老师，您觉得我适合做点什么？给我随便安排一个就行"。这样的简历，大概率被淘汰。

第二种情况则如下面的例子所示。

王小二

188-8888-8888 | xiaoer_wang@163.com | 立即到岗 | 每周出勤5天 | 可实习3个月以上

教育经历

2019.09-2021.05　　纽约大学NYU（QS：35）　大数据分析（3.4/4.0）　　硕士

- 主修课程：商业分析和数据可视化（SAS）、网页分析、数字化营销、电子商务营销、整合营销、数据库管理与建模、竞争战略、营销管理、统计与测量、营销财务决策等

2015.09-2019.06　　浙江师范大学（双一流）　人力资源管理（top 5%）　　本科

- 校一等奖学金（2017）　团优秀学生干部（2018）

实习经历

2019.10-2020.05　　××集团　　　　　　财务实习生　　　　北京

- 负责银行对账工作，核对200余笔银行账户流水，核实每笔投资款项的金额，每月月末根据银行对账单，完成32家子基金的银企对账；
- 负责涉及银行存款业务的记账工作，完成60余笔业务的凭证填制和记账，整理凭证300余张，并结转32家子基金当月损益，导出财务报表；
- 帮助投资风险控制岗位的同事整理20份合同协议，进行合同的初步审核，提炼关键合同信息及内容，并用Excel进行汇总。

2018.12-2019.05	××公司	**人力资源实习生**	**北京**

- 招聘粤西区域工程档案资料员以及培训经理岗位，两周内筛选200份简历，获得有效简历共10份，约面6人，到面率100%；
- 计算并核算5-7月公司30名员工工资并制作工资表，工资计算及发放全程无误；
- 指导15名新员工签订劳动合同，并归档保管。协助公司处理辞退行政综合部员工1名，并妥善处理相关赔偿事宜；
- 策划2021届安永校园招聘，招募校园大使，撰写6篇招聘主题公众号文章，协助开放包括招聘网站、社交媒体、校园论坛等校招渠道，监控并统计渠道ROI。

2017.06-2017.09	××制造总公司	**销售计划与订单管理实习生**	**上海**

- 使用SAP系统对接并监控全国数百家经销商日/周/月销售数据，并制作百余份日/周/月报表；
- 完成1000+台车辆的销售调剂调度工作，解决经销商在车辆批售过程中的近百个问题，大幅提升批售效率；
- 每日跟进30000+台资源车的车辆信息与销售动态，制作表格，并与财务部门核对数据；
- 通过邮件对接工厂跟进项目订单情况，提醒并督促项目进度进展，实习期内每月交车率100%。

项目经历

2018.09-2018.11	××公司双十一节日活动策划	**创意策划负责人**

为××酒店策划双十一节日活动，提升自助餐厅品牌影响力以及流量热度

- 消费者调研：带领8人团队，利用5天国庆假期时间，于市区CBD和重点商圈等年轻人聚集区域开展线下消费者访谈和调研，并在当地高校投放线上调查问卷。累计发放问卷2000+份，实际回收有效问卷1300+份，回收率达65%；
- 创意方案撰写：分析调研反馈和数据，结合酒店实际，设计了"找锦鲤不如吃锦鲤"和"修泳池不如排水造派对"2个双十一创意活动，并撰写创意策划方案。方案最终从8个预选方案中脱颖而出，被酒店正式采纳。

其他信息

- 计算机：熟练使用Xmind、Vision、墨刀、Axure绘制产品原型图、产品功能逻辑图和用户体验流程图。熟练使用PPT制作产品介绍文档，能使用Excel中的数据透视表功能进行简单的产品和业务数据分析，使用切片器功能制作简单的动态数据看板。
- 外语：英语CET-6（506），日语N2。
- 兴趣爱好：读书、骑行、长跑、电竞游戏。

案例中的"王小二"背景很好，经历也很丰富。但市场、销售、人力、财务全都涉及，其他信息中又透露出对互联网产品的兴趣，完全不知道王小二同学的职业发展目标。

这类简历上各类经历很多，但是每段经历似乎都跨度很大，过于分散，缺少内在联系，让人看不出这个同学到底想做什么，哪个方向才是他认准的职业发展方向，这种情况在优秀学生的身上比较多见。这些同学跟前面的情况正好相反，很早就意识到要多尝试、多体验，做了很多实习和项目，体验过不同的行业和岗位，但由于这些经历过于分散，关联性不强，一旦都体现在简历中，就会让人觉得很迷惑。这种简历也会让企业对求职者的稳定性以及求职动机产生怀疑。

总之，不要把诸如"您觉得我适合做什么"这样的问题，通过简历丢给企业HR。作为雇主，既没有责任义务，也没有动机去帮你解决这个问题。要避免这种情况发生，就要做好深入的个人经历梳理与挖掘工作，遵照第一个建议，先做流水账式的履历，再针对目标岗位提取匹配度高的内容去设计用于投递的简历。

1.3 内容模块与排版布局

1.3.1 内容模块

对于在校生和应届生来说，简历上呈现的内容模块一般有三大类。

一是个人基本信息，包括姓名、出生年月、政治面貌、联系方式、照片等。

二是各类经历，包括教育经历、实习经历、项目经历、校园经历。这4类经历是绝大多数同学在学生阶段都能具备的，但具体到每个人以及不同求职目标时，也可以做相应的调整。比如：个别同学有过创业经历，那就可以增加"创业经历"模块；还有同学在专业领域参加过很多含金量较高的竞赛，也可以单独增加一个"竞赛经历"模块；甚至很多求职游戏公司的同学（尤其游戏策划、运营、宣发等岗位），可以单独增加一个"游戏经历"模块，用来展示自己玩过哪些游戏，玩得如何等，这些游戏经历对求职游戏公司来说的确是加分的。总之，模块并不是固化的，需要根据你过往经历的特点，并结合求职目标去设计。

三是其他信息，包括技能、证书、外语、兴趣爱好、公益、作品集链接等，都可以放在这个部分。

一般情况下，应届生和在校生的简历中各个内容模块的排序都可以按照"个人基本信息"——"教育经历"——"实习经历"和"项目经历"——"校园经历"——"其他信息"的顺序排列。

按照这些规则，一个适合应届生和在校生的简历排版逻辑就有了。下面给出一份简历内容模块的简单示例供参考。

姓名

手机号（微信号）

邮箱

出生年月｜所在地（或求职地点）｜政治面貌

照片

教育经历

20××.××-20××.××　　　学校1　　专业（绩点）　　　学历/学位

- 主修课程：
- 荣誉奖项：

20××.××-20××.××　　　学校2　　专业（绩点）　　　学历/学位

- 主修课程：
- 荣誉奖项：

实习经历

20××.××-20××.××　　　公司1　　部门　　岗位

- 实习工作内容与成绩1：
- 实习工作内容与成绩2：
- ......

20××.××-20××.××　　　公司2　　部门　　岗位

- 实习工作内容与成绩1：
- 实习工作内容与成绩2：
- ......

项目经历

20××.××-20××.××　　　项目1　　角色

项目简介：

- 项目工作内容与成绩：
- ......

20××.××-20××.××　　　**项目2**　　　**角色**

项目简介:
- 项目工作内容与成绩:
- ……

校园经历

20××.××-20××.××　　　**组织／活动名称**　　　**部门**　　　**角色/职务**

- 工作内容与成绩:
- ……

其他信息

- 外语水平:
- 计算机技能:
- 所获证书:
- 兴趣爱好:

1.3.2　排版布局

这部分内容主要介绍在Word中进行简历排版的小技巧，并展示一份排版布局做得非常好的简历样例，供大家参考。

首先介绍在Word中进行简历排版的技巧。

项目	排版技巧
页边距	"页面布局"→"页边距"，调整页边距从"普通"到"窄"。小五号字体、1.15倍行间距下，调整页边距后，内容容量可从39行增加到55行。内容多写不下的可以选择后者，增加篇幅容量；内容少排不满一页的则可以选择前者
分割线	键入三个"-"（减号），回车就是分割线，不需要插入图片或图形

续表

项目	排版技巧
字体	字体保持统一。可以使用中英文通用的字体（如等线、微软雅黑），也可以中文用一个字体（如宋体、仿宋），英文用一个字体（如Times New Roman），不要选择过于少见的字体，以防特殊字体发送到对方电脑上时可能出现的因找不到匹配字体而文字变形的情况。另外，标题内容可以加粗，正文中的加粗、斜体、下划线等尽量控制用量
字号	字号保持统一，标题和正文字体均在五号到小五号之间为宜。基本信息中姓名的字号可以比正文略大，没有明确规则，可根据版面的实际情况调整
行间距	1～1.2倍之间都可以，建议1.15倍。根据版面实际情况调节，内容多过一页就可使用1倍行间距，内容少不足一页可设置1.2倍行间距
项目符号	建议统一使用小圆点，不用箭头、方块、数字、字母等
手机号码与电子邮箱	手机号码建议采用"344"模式，并用"-"断开，如188-8888-8888。注意取消电子邮箱的超链接，确保点击无跳转
照片位置	照片的排列尽量选择图文混排。点击图片，选择"图片工具"→"格式"→"排列"→"位置"→"文字环绕"，选择"顶端居右，四周型文字环绕"，将图片置于简历的右上角
对齐	标题的对齐方式，根据内容可选择"左对齐""右对齐"和"居中"，正文则选择文本"两端对齐"
文件格式	文件保存为PDF格式即可

另外，简历中"一两个字就占了一行"的情况要尽量避免，要么重新组织语言将文字压缩到前一行内，要么扩写内容让句子更长。

下面展示一份王小小同学的简历，这是一份排版布局做得非常好的样例，供大家参考，以体悟简历的排版布局思路。

王小小（Tiny）

188-8888-8888 | wangxx@163.com

教育经历

| 2019.09-2021.05 | 纽约大学（NYU, QS: 35） | 整合市场营销（3.96/4.0） | 硕士 |

- 主修课程：商业分析和数据可视化（SAS）、网页分析、数字化营销、电子商务营销、整合营销、数据库管理与建模、竞争战略、营销管理、统计与测量、营销财务决策等

| 2015.09-2019.06 | 江苏大学 | 人力资源管理 | 本科 |

实习经历

| 2020.07-今 | 益普索Ipsos（中国） | 市场研究实习生 | 远程 |

配合领导完成对烟草行业的整体调研分析，主要侧重新型烟草以及特殊形态烟草细分领域的市场研究和趋势研判

- Desktop research：关注烟草细分行业下的传统及新媒体，阅读20+篇行业报告，跟踪梳理"玉溪"和"云烟"两个品牌的发展历程，并撰写烟草行业发展综述报告；
- 定量研究：使用SQL处理并分析600+万条（国内某二线城市2020年上半年度）烟草销售数据，并使用Excel对数据分析结果进行可视化处理；
- 定性研究：整理、提炼并分析6份（累计40余页）消费者深度访谈，并最终从"消费行为""消费者心理""用户转化原因"和"满足个性化需求的趋势"四个方面产出10个研判观点和结论。

| 2020.06-今 | The RL Gant Group Inc. | 市场部实习生 | 纽约 |

一家北美本土以线下大型活动策划和执行为主，逐步向线上数字化活动及媒介传播转型的第三方营销策划公司，实习期间全程参与于2021年9月举办的National Museum of African American Music（NMAAM）项目的策划与落地工作

- 调研并分析潜在品牌合作商，结合NMAAM活动定位及人群覆盖，分别为Nike、Ben & Jerry（一家美国本土的冰激凌品牌）、Quaker Oats（一家美国本土的速食麦片品牌）3个品牌设计定制化营销策划方案，并参与包括凯迪拉克、美国联合航空、Chase、宝洁、百事可乐等知名品牌在内的10+个品牌赞助商营销方案的策划；
- 分析Nike、Ben & Jerry以及Quaker Oats的品牌和消费人群定位，梳理并分析3个品牌的过往营销案例，构思12个创意，并结合可行性评估确定最终的营销创意（Nike在Youtube上的流媒体矩阵，Ben & Jerry音乐冰激凌和diy冰激凌杯，Quaker Oats的染色麦片与新食谱探索），并撰写相应的策划方案，包括活动前社交媒体投放策略、活动执行细节以及活动后的用户自传播裂变机制等。

2018.07-2018.10 赛默飞世尔（Thermo Fisher Scientific） 市场部实习生 上海

- 处理并回复后台客户反馈100+条，整理客户共性问题，创建后台自动回复规则，优化关键字识别与自动回复的程序逻辑，大幅提升客户响应效率和售后工作效率；
- 分析后台数据库中的用户行为数据、需求数据和反馈数据，撰写月报2份、半年报及年报各1份。分析2500余份客户需求调查报告，为服务号功能与内容优化提供分析建议。

项目经历

| 2020.04 | 玛氏-士力架2020新品鬼才创造营 | 参赛成员 |

- 组成3人小组参加玛氏2020年商赛，面向白领人群经常加班、饮食不均衡、担心肥胖等痛点设计新产品（轻士力架蛋白棒）。

| 2020.02-2020.03 | 欧莱雅-2020年度BrandStorm商业挑战赛 | 参赛成员 |

- 组成2人小组参加欧莱雅2020年商赛，以"减少塑料使用"为核心，设计全新产品，策划360°推广项目。

校园经历

2020.05-今　　　纽约大学学生会　　　文娱部（Recreation Committee）　　　部长

- 领导文娱部10人团队，基于疫情创新学生会活动形式，利用Zoom将包括Orientation 2020、Game Night、Fitness Friday、NYU Trivia等在内的9场线下活动改为线上，并通过Instagram、Facebook、Twitter进行线上活动宣传。

其他技能

- 英文：托福94，GMAT 630，上海英语高级口译证书，英语达到第二母语水平，可在纯英文工作环境下胜任各类型工作任务。
- 计算机：熟练掌握Tableau、Excel、GA（Google Analytics）等数据分析工具进行数据分析和可视化处理。了解SAS、MySQL、SPSS、Python。

1.4　各模块内容的写作技巧

这一节开始，我会分别讲解简历上每个模块的写作技巧。

1.4.1　个人基本信息

个人基本信息在简历中最大的作用就是让对方知道你是谁，以及如何联系到你。必须要写的有3项：姓名、电话、邮箱。

除了这3项必须要写的东西外，其他内容都可有可无，需要根据实际情况调整。另外，还有一些内容是尽量不要在这个模块出现的。

1. 可有可无的

（1）微信号

微信可以说是国民第一社交体系了，很多时候比电话更常用，所以在简历联系方式中也可以把微信号留下，方便HR更便捷地联系到你。

（2）出生年月（或年龄）

多数情况下，年龄没必要写，因为HR通过教育经历也能大致推测出年龄，但写上也无妨。

（3）照片

只要用人单位没有明确要求不让放照片，建议同学们都把照片放在简历上，职业形象真的很重要！虽然形象不能代表能力，但仍然会影响用人单位对你的印象，良好的职业形象也是良好职业素养的体现。不修边幅的形象在用人单位看来，可能是一种懒惰、不上进的表现，更是对求职结果的无所谓态度，甚至是对对方的不尊重。

🔍 **小提示**

> 良好的职业形象不等于长得漂亮或帅气，职业形象要求的是一种职业化气质，男生有精神、干净、利落、有朝气，女生知性、干练、有亲和力、妆容得体、淡雅精致。这样的"美"与各种短视频里刷到的帅哥美女的美不是一个概念。所以不管你是天生丽质还是长相平平，都可以去塑造良好的职业形象。有的求职者可能不擅长或者没有经验，那就可以交给专业的照相馆，让摄影师帮你搞定。建议大家到专业的照相馆（比如海马体、小象馆等）拍一个职业形象照，顺便再拍个好看的证件照，日后用的地方非常多，这笔投资非常值得。

另外，性别、民族、政治面貌、现所在地等均是简历中可有可无的内容。如果简历中未放照片，可以标注性别。如果政治面貌是党员或者预备党员，可以写上，尤其是在应聘国企时。如果你已经在意向求职地点，那么标注现所在地对提高HR邀约面试的概率会有一定的帮助，精确到市或者区都可以，比如北京市朝阳区。

此外，对于找实习的同学来说，建议另外增加3项内容：何时可以到岗实习；最多可以实习多久；每周至少可以出勤几天。如下所示。

王小二

188-8888-8888 | xiaoer_wang@163.com | **立即到岗** | **每周出勤5天** | **可实习3个月以上**

这3个信息是几乎所有企业招聘实习生时最关注的内容，有时候甚至比你在能力上的胜任度更重要。实际上，实习的工作大多并不复杂，对于用人单位来说，需要的是能尽快上岗的、每周出勤能接近全职水平的、可以一直稳定实习的人。在此基础上，理解能力强一点，聪明一点，一教就会，这就足够了。

所以找实习的同学可以在个人基本信息这里写上"随时到岗+实习3个月以上+每周5天出勤"，这会大大提高拿到面试和offer的概率。有些同学可能会担心：我学校还有课，或者毕业设计还没做完，导师难免会叫我回学校，所以"每周5天出勤"和"实习3个月以上"不一定能保证，这样写不是骗人吗？这种顾虑其实完全没必要，职场上很多事情都是靠沟通解决的。简历上写上这3句话是你的一种态度，至于真的开始实习后，偶尔需要回学校处理事情，只要提前沟通好，基本不会有什么问题，毕竟大家都是从学生时代过来的，你的难处公司也能理解和体谅。

2. 尽量不要出现的

籍贯、身高、体重、血型、星座等信息尽量不要体现在简历上。一方面企业根本不关心；另一方面写上这些信息也不会给简历加分，反而增加无效信息量，降低简历整体的阅读效率。

🔍 **小提示**

对于"求职意向岗位"，我也不太推荐写上。虽然写明意向职位能让对方觉得你有很清晰的求职目标，但作为应届生，尤其是没有明确职业目标的同学，这样做很容易错过一些潜在的机会。很多企业在校招中并不会完全按照投递岗位方向做匹配和筛选，这种企业会建立一个人才池，由各个部门去这个池子里选人。尤其是互联网公司，往往会有多次匹配的机会。比如你一开始应聘的是产品方向，虽然面试没通过，但面试官对你的评价并不差，只是遇到了比你更合适的人。作为面试官，通过沟通，他可能发现你更适合运营或者其他岗位，那他就会把你重新放回人才池中，其他部门就有可能再把你"捞起来"。近几年在互联网大厂招聘中这种情况非常多见，很多同学一轮笔面试走下来被拒绝了，很沮丧。结果过了一个月突然又接到这家公司其他部门或其他岗位的面试邀约，一路过关斩"捡回了"心仪大企业的offer。因此，简历中不必刻意标注具体的求职意向岗位或者行业。实际上，一份好的简历，即便不写明求职目标，HR依然很容易通过简历内容，尤其是过往经历判断求职意向以及适合你的岗位。

1.4.2 教育经历

求职者尤其是应届毕业生群体的教育经历一定是企业高度关注的信息。

教育经历

2021.09-今	宾夕法尼亚大学（沃顿商学院）	工商管理（MBA）	硕士
2019.09-2021.05	纽约大学NYU（QS：35）	整合市场营销（3.96/4.0）	硕士

- 主修课程：商业分析和数据可视化（SAS）、网页分析、数字化营销、电子商务营销、整合营销、数据库管理与建模、竞争战略、营销管理、统计与测量、营销财务决策、领导力

2015.09-2019.06	浙江师范大学	广告学（top 5%）	本科

- "贝恩杯"咨询启航案例大赛（2019）决赛入围
- "挑战杯"全国大学生创业计划竞赛（2018）国赛银奖
- 宝洁商业挑战赛（2017）总决赛入围

教育经历在简历上需要呈现的细节有很多，我把它们分成两类："必须有的"和"可有可无，视情况而定的"。

1. 必须有的

① 起止时间。企业可以通过起止时间判断每段学业是否如期毕业、身份是否符合企业的招聘要求。比如前面提到的企业对应届生身份的界定，就是通过毕业时间判断的。

② 学校。知道你是哪所学校毕业的，以判断院校是否符合要求。如果学校是"211工程""985工程"或"双一流"院校，也可以标注上。

海外留学的同学可以在学校名称后面加上学校的QS排名，便于HR识别这所学校的水平。除了少数对专业排名极为看重的、专业对口要求极高的岗位外，多数企业在招聘时，HR判断院校水平还是依据综合排名。

③ 专业。判断你的专业是否对口，尤其是专业技术类岗位一般对专业背景有明确要求。另外，国企在招聘中非常看重专业是否对口，这点大家要特别注意。

④ 学历或学位。判断你的学历或学位是否符合要求，几乎所有企业都会把学历或学位作为一个硬件条件要求。头部的名企甚至会更进一步要求学历必须是"统招全日制本科"等。

2. 可有可无，视情况而定的

① 学院。如果是一些非常知名的学院可以特别注明，比如宾夕法尼亚大学的沃顿商学院、MIT（麻省理工学院）的斯隆商学院、北京大学的光华管理学院和国家发展研究院等。

② 在校成绩（绩点或排名）。在校成绩可以是绩点，也可以是专业排名。绩点通常用分数表示，比如3.5/4.0，分子是你的绩点，分母是满分。专业排名也可以用分数表示，比如3/200，分子是你的名次，分母是整个专业的人数；还可以用百分比表示，比如前5%。

③ 在校荣誉奖项。一些高含金量的荣誉奖项可以呈现。

判断荣誉奖项含金量可以简单地按照两个标准来界定：

一是普遍认可度，比如挑战杯的国赛名次，ACM编程大赛的国赛名次等，这些奖项无论在高校圈还是在企业范围内都有较高认可度。

二是级别，可以简单地按照"国际级＝国家级＞省级＝企业级＞市区级＞校级＞院系级"的标准来界定。如果你的荣誉奖项比较少，那校级以上的都可以写上，校级以下的写不写影响不大；如果荣誉奖项很多，那就从高到低排个序，写到校级就足够了。

④ 主修课程。主修课程也是可有可无的内容，但对于跨专业求职的同学来说，这里有一个小技巧可以提高你的简历匹配性。

虽然很多企业在招聘条件中都会提到"×××相关专业"的要求，但"相关"一词边界模糊。实际上，更为合理的做法是看学生在校具体学了什么，也就是主修课程。以会计师事务所的审计岗位为例，通常都会要求"会计和审计相关专业"，但所谓"会计和审计相关专业"并不只有"会计专业"和"审计专业"，只要主修课里涉及了会计和审计类课程，就都有相关性。在经管专业大类中，金融、财务管理、经济学，甚至工商管理等专业，都会包含一部分的会计学课程。你完全可以把这些课程写在简历里，以提高专业上的匹配性。

另外，主修课程不一定非要严格按照专业课程目录去写，辅修、旁听的课程也可以写进去，目的是提升简历与所投递岗位之间的匹配性。当然，前提是这些课你的确学过，不能无中生有。

举个例子：近些年经济飞速发展，许多新岗位应运而生，高校并没有与之完全对应的"对口专业"，这类岗位对求职者的知识技能要求往往是横跨多个学科的，很难用某个专业名称体现知识和技能上的岗位匹配性。典型如这几年特别火热的互联网公司产品经理一职，对知识技能的要求横跨心理学、市场营销学、用户体验设计、软件开发与编程、管理学等多个学科。如果你把产品经理作为自己首选的职业方向，那就可以充分利用学校丰富的学科课程资源，有意识地辅修相应课程，把技能点满。

1.4.3 实习经历

实习经历是企业筛选简历时非常看重的内容，在众多经历中也被认为是参考价值极大的经历。但是，不同实习经历的含金量是天差地别的。

从本质上讲，"含金量"就是简历上的某段经历与求职目标之间的匹配度。实习经历与你求职的目标匹配度越高，含金量就越高；反之不匹配的经历，即便是再牛的公司、再大的平台、再闪光的岗位，含金量也大打折扣。

这里提供一个简单的模型，可以快速判断实习经历的含金量高低。原理很简单，就是从"行业及业务匹配度""岗位匹配度"以及"公司级别是否对等"3个方面判断。

（1）行业及业务匹配度

即实习经历所处的行业以及所做的业务，跟求职目标所处的行业以及所做的业务是否匹配。

① 相同。例如：实习经历是腾讯游戏，求职目标是字节跳动的游戏业务线；实习经历是中金投行部的并购业务线，求职目标是华泰投行部门的并购业务线，等等。

② 相通。二者在业务和行业特性上存在共性，可以视为相通。例如：证券、银行、保险、信托、基金等都属于金融行业，虽然各自的监管政策、盈利模式、用户群体都不同，但总体上业务共性还是很强的，行业之间很多经验是可以迁移和借鉴的。另外，在同一个产业链中有上下游关系的行业也具有一定的共性。比如：零售业（包括电商行业）与制造业（各种品牌商），整车厂与汽车零部件厂商等。

行业及业务上的匹配度高，经验的迁移性就强，也就是你在实习阶段积累的经验对于正在求职的这家公司来说是有用的。

（2）岗位匹配度

即实习的岗位跟求职目标岗位是否匹配。跟行业及业务匹配度类似，有2种情况。

① 相同。比如：实习岗位是招聘专员，求职目标也是招聘岗；实习岗位是产品助理，求职目标也是产品经理；实习岗位是后端开发，求职目标也是后端工程师，等等。

② 相通。即实习经历中所体现的能力、技能、经验、知识等对于求职目标岗位的"迁移价值"较高。比如：实习岗位是会计，求职目标是审计；实习

岗位是券商的行业分析师，求职目标是风险投资机构的投资助理，等等。

（3）公司级别是否对等

即实习所在的公司，跟求职目标公司在级别上是否对等。对等或接近则匹配度高，反之则匹配度低。判断两家公司在级别上是否对等，可以从4个角度入手。

① 两家公司是不是客户或合作伙伴关系。

② 两家公司是不是直接竞争对手关系。

③ 两家公司在经营业绩和公司规模上是否对等。

④ 两家公司在各自行业中所处的地位和知名度是否对等。

从以上三方面出发，可以构建如图所示的模型，进而可以把所有过往的实习/工作经历简单地划分成ABCDE五类，"含金量"排序为：A>B>C=D>E。

D类：
- 行业与业务匹配（相同或相通）
- 公司级别对等
- 但岗位不匹配（既不相同，也不相通）

B类：
- 行业与业务匹配（相同或相通）
- 岗位匹配（相同或相通）
- 但公司级别不对等

E类： 实习经历与求职目标之间在三个维度上都不匹配，企业会觉得你投错简历了

A类：
- 行业与业务匹配（相同或相通）
- 岗位匹配（相同或相通）
- 公司级别对等

C类：
- 岗位匹配（相同或相通）
- 公司级别对等
- 但行业与业务不匹配（既不相同，也不相通）

实习经历"含金量"判断模型

举例：若求职目标为四大会计师事务所的审计岗位，下面例子中4段实习经历的含金量由下至上越来越高。

实习经历

| 2018.07-2019.09 | 德勤会计师事务所 | 审计-金融服务组实习生 | 北京 |

- 信贷审阅：审查20笔贷后报告、财务报表、征信信息、应收账款质押、还款计划等资料以评估贷款评级准确性；

- 实地走访：考察5家企业，观察车间、盘点仓库并与信贷经理、企业部门经理沟通后完成会议纪要和走访报告；

- 银行运营内控：根据控制点向9家分行下发需求，审核并录入长期资产、现金及金库、重要空白凭证管理的反馈。

| 2017.12-2018.03 | 华普天健会计师事务所 | 审计助理 | 成都 |

- 参与国有企业年报审计，查阅、分类与项目相关的原始凭证和合同文件，制作货币资金科目审计底稿；

- 针对货币资金和管理费用科目实行抽样，抽取记账凭证，核对报表账目与合同价款及审批金额的一致性；

- 审核费用发票是否过期或存在跨期情况，确保费用报销的合规性；

- 获取银行对账单进行账实核对，核对企业账目和银行流水的一致性，识别异常金额，查看是否存在关联方交易，企业有无虚增收入情况；

- 复核、分类客户盖章函证，向被审计单位发出银行存款函证超过20份，及时整理回函文件，提升了工作效率；

- 整理、归档被审计单位底稿资料超过30家，检查出错误纸质底稿，降低了审计错误。

| 2016.06-2017.11 | 红杉资本 | 财务实习生 | 北京 |

- 负责银行对账工作，核对200余笔银行账户流水，核实每笔投资款项的金额，每月月末根据银行对账单，完成32家子基金的银企对账；

- 负责涉及银行存款业务的记账工作，完成60余笔业务的凭证填制和记账，整理凭证300余张，并结转32家子基金当月损益，导出财务报表；

- 帮助投资风险控制岗位的同事整理20份合同协议，进行合同的初步审核，提炼关键合同信息及内容，并用Excel进行汇总。

2016.03-2016.05	**安永会计师事务所**	人力资源实习生	北京

- 招聘粤西区域工程档案资料员以及培训经理岗位，两周内筛选200份简历，获得有效简历共10份，约面6人，到面率100%；
- 计算并核算5-7月公司30名员工工资并制作工资表，工资计算及发放全程无误；
- 指导15名新员工签订劳动合同，并归档保管。协助公司处理辞退行政综合部员工1名，并妥善处理相关赔偿事宜；
- 策划2021届安永校园招聘，招募校园大使，撰写6篇招聘主题公众号文章，协助开放包括招聘网站、社交媒体、校园论坛等校招渠道，监控并统计渠道ROI。

不过需要注意的是，这是最简化版的判断一段经历含金量的方法。实际操作中，企业判断简历中一段实习经历的含金量高低会更复杂。但即便如此，这种方法仍然有意义。

对于有明确求职目标的同学们来说，完全可以运用这种方法梳理自己过往的实习经历，判断哪段经历应该写在简历上，哪段经历可以删掉。

而对于那些低年级还未开始实习的同学来说，也可以以终为始地倒推应该寻找什么样的实习，是对将来求职就业有含金量的。还有一些同学可能做过不少实习，但还没确定自己最终的全职求职目标，也可以运用这个方法，把过往所有的实习经历都罗列出来，寻找内在联系，没准那就是你的求职目标。

解决了含金量的问题，再来看实习经历部分的写作技巧。

跟教育经历同理，实习经历在简历上所需要呈现的细节也可以分成"必须有的"和"可有可无，视情况而定的"两类。

1. 必须有的

① 起止时间。对于看简历的人来说主要关注2个细节：一是实习时间是否合理，二是通过实习时长可以判断这段实习经历是否是有所收获的"干货"实习经历。

② 公司名称。企业可以据此判断你之前实习公司所做的业务跟你现在所投递的这家公司是否重叠，以及公司级别是否对等，进而评估这段实习的"含金量"。

小提示

需要注意的是，简历上不一定非要写公司全称，而是尽量写一个便于看简历的人迅速识别的公众认知度高的名称。比如写"深圳市腾讯计算机系统有限公司"就不如直接写"腾讯"，写"中国石油天然气集团有限公司"就不如直接写"中石油"，写"国际商业机器公司"就不如直接写"IBM"。

另外，在海外实习的同学可以对实习工作做一个简单介绍，便于HR理解你这段实习的方向和价值。一般有两种形式：一种是在公司名后面加（ ），里面填上对标的国内公司，如Instacart（美国版饿了么）、Livesense（日本版智联招聘）、Printerest（英国版小红书）；一种是直接在这段经历的标题行（起止时间+公司+岗位）下面增加一行对公司的描述，如"一家在人工智能领域具有核心竞争力的独角兽公司"。

③ 岗位名称。实习岗位跟你投递岗位之间的匹配度也是判断这段经历"含金量"的一个参考因素。

④ 工作内容与成绩。这是实习经历中最为重要的部分，企业用人部门完全是通过这部分内容来判断你是否具备与岗位相匹配的胜任力，以及你的这段实习到底是不是货真价实。有关这部分内容的写作技巧我会在后面的第5节来讲解。

2. 可有可无, 视情况而定的

① 部门。即你实习时所处的部门、业务线、事业部、事业群等。这个内容可有可无, 要根据你实际实习公司的情况来判断。

如果你实习所在公司是那种业务很多的集团性公司, 那么标注实习部门（或者业务线、事业部、事业群等）还是有必要的。这类公司不同部门很可能做的业务是分属于完全不同的行业的, 一个业务线或者一个部门就等于一个独立的公司。

典型如腾讯的WXG（WeiXin Group, 微信事业群）做的是社交类产品, 主要是微信生态体系的搭建和完善, 比如公众号、小程序、微信支付、企业微信、微信搜索等, 还负责QQ邮箱和微信读书产品; 而IEG（Interactive Entertainment Group, 互动娱乐事业群）则是负责公司游戏、电竞等互动娱乐业务, 包括腾讯游戏（下面的各种工作室）、腾讯文学、腾讯动漫以及影视剧制作等业务。这两个事业群做的事情完全不同, 你把它们理解成两家互不相干的公司也不过分。所以笼统地在简历中注明实习公司是"腾讯"并不能很好地让看简历的人识别你这段实习到底做的是哪方面的工作, 更具体地交代你在腾讯哪一个事业群或部门实习, 对于看简历的人来说就很有必要。

② 所在地。即你实习工作地点, 具体到国家或城市即可。

③ 工作职责。即公司对你这个实习岗位的工作内容要求, 一般跟你应聘实习时的岗位JD差不多。这个内容写与不写, 要结合每个人的实际情况确定, 主要看简历的整体篇幅。

④ 其他。诸如直接上级、下属人数等信息可有可无。如果你的汇报对象职级比较高, 比如总监、总裁和副总裁, 甚至是CEO、创始人和联创, 可以特别注明。另外, 只有极少的实习生有带团队的机会, 这种实习生在能力上也是

百里挑一的。我曾经访谈过某个互联网头部大企业的实习生，她在公司实习了有一年，并且已经独立带着一个40多人规模的团队有半年时间了。要知道即便一个中型公司的部门经理，都不一定能有40人团队的管理规模，这对于一个实习生来说已经是一种极高的认可和信任了。假如你也有这样的经历，务必在简历中特别注明，非常加分。

1.4.4　项目经历

这里我所讲的"项目经历"区别于实习经历，但能直观地体现你在某个行业或岗位上的胜任力，尤其是专业知识和技能。

这个项目可能是源自真实的企业需求，也可能是一个虚拟的项目；可以是由其他人发起的，有国家、企业等官方做背书的，也可以是你自己发起的，以体验和训练为目的的。我把这些"项目经历"分成6类。

1. 以兼职或临时工身份参与的企业真实项目

咨询公司、市场研究公司、广告公关公司等专业服务类机构，以及证券公司、PEVC等金融机构，经常会有一些项目需要临时增加人手来承担一部分简单的工作任务。但公司由于人员编制和预算上的限制，或者是人力资源部门无法及时供应实习生等原因，不得不外雇一些人参与到项目中。

这些人没有实习生的身份，也不会跟公司签实习合同，合作时间也仅限于项目周期内，一旦项目结束，合作关系也随之解除。有的公司会把这部分人算作兼职，并发放兼职工资，比如典型的咨询公司的PTA（Part-time Assistant）；有的甚至连兼职都不算，连工资都没有。参与这类项目的同学，有的会要求驻场工作（Onsite），有的连公司和项目地点都不用去，远程工作（Remote）即可。在业内我们会把这种不走人事招聘和录用流程的、不签订任何形式合同的、没有工资的、无法支持背景调查的、"名不正言不顺"的临时工性质的岗位称作"小黑工"。举例如下。

项目经历

×××战略咨询体验项目　　2020.04

- 案头研究：搜集电信行业的手机租赁市场相关信息，分析经营环境、竞争格局、消费者偏好等来判断手机租赁这一商业模式对客户公司的适用性；

- 商业分析：运用Excel建立模型，通过敏感性分析与建立财务预测模型评估手机租赁对客户公司盈利能力的影响；

- 商业建议：了解消费者需求，运用STP模型对手机租赁进行目标市场定位，并搜索手机租赁的定价模型。

　　"小黑工"在专业服务机构、金融机构以及部分互联网公司里比较多见。这些公司在实习生招聘上往往呈现出非常大的矛盾：一边是业务部门庞大且紧急的用人需求，一边是无法充分响应这些需求的人力部门（专业服务机构的中后台一般都比较弱，互联网大企业的问题则可能是需求太大，人力部门忙不过来）。所以很多公司为了解决这个问题，会把一部分（尤其是实习生）的招聘权限下放给用人部门，尤其是临时性的项目对实习生和兼职的需求，用人部门几乎拥有了绝对话语权。

　　由于这些公司往往对学生的吸引力比较大，求职的学生非常多，岗位竞争非常激烈，再加上近些年不断加剧的应届生求职压力，学生求职和找实习的焦虑越来越强，于是劳动力市场的买方与卖方关系出现了严重失衡，导致这种"名不正言不顺"的"小黑工"也成了"香饽饽"，甚至市面上出现了很多中介机构专门从事这种"小黑工"机会的开发和买卖，俨然形成了一条完整的产业链。

　　这种源自企业真实业务的兼职或类兼职项目，虽然不能让你得到诸如实习生身份、实习工资、实习证明、公司开具的推荐信等实打实的收获，但也不是一文不值。通过这类项目，一方面可以让你亲身体验这个行业和岗位的真实工作状态，提升对这个职业的理解和认知水平，更理性地评估自己到底是不是适合这份工作；一方面也能给你一个尝试去完成一项真实的工作任务的机会，在过程中训练并提升某些岗位必备的工作技能。

2. 在校期间导师安排的校外项目

这种情况研究生阶段居多。比如你的研究生导师除了在校任教外，自己也会接一些行业和领域内的项目，比如咨询项目、外包项目等。如果你参与了这个项目，那么也可以视为一段项目经历。这类项目经历相比第一类就靠谱多了，毕竟企业付了钱请你的导师去帮忙，真实性还是有保障的。

3. 学术与科研课题（论文、实验等）

如果你的求职方向有很强的专业对口要求，并且很看重专业功底，那么学术项目就是一个比较有说服力的证明。尤其是各类以研发驱动的行业，核心研发岗位通常会需要候选人极强的科研能力。比如通信、云计算、区块链、人工智能，以及新材料、新能源、芯片和半导体等国家重点支持的领域里的研发岗位。

学术项目经历最好有学术领域的背书，含金量会大大增加，例如SCI、柳叶刀、IEEE等。另外，一些国家级、省级的重点科研项目，知名大学和企业的实验室项目也有不同程度的认可度。举例如下。

学术经历

2018.12-2019.06	地方官员与区域产业结构关系研究	第一作者

- 设立论文课题，与导师探讨课题研究价值，构建研究框架；
- 使用中国知网查阅文献50+篇，累计60+万字，获取课题相关文献资料；

- 使用国家统计局、各地政府统计年鉴和第三方智库/数据平台，获取包括地方官员履历、任职期，地方产业结构、产值、就业人数、进出口数据、固定资产投资额等数据在内的关键数据，用于课题研究；

- 使用Stata软件，通过计量模型对获取的数据进行回归分析，并独立撰写15000+字论文。

项目经历

2017.10-2018.09　　苏州大学二十批大学生课外学术科研基金项目（重点项目）

《ERCC5基因单核苷酸多态性位点对肿瘤化疗药物敏感性的影响——Meta分析》

- 本项目以Meta分析为项目主体思路，在完成文献检索、数据筛选、数据抽提等工作后，使用R、SAS、Review Manager（5.3版）等统计学软件进行合并分析、敏感性分析、亚组分析，并使用森林图、漏斗图等工具进行结果可视化，发现ERCC5 rs1047768中的C等位基因的多态性会显著提高肿瘤患者对于铂类制剂化疗的敏感性，这为临床肿瘤预后用药提供了有指导性意义的科学依据。

- 本项目最终获得"优秀结题项目"荣誉称号，并发表SCI一区论文一篇。

4. 课堂大作业、毕业论文和毕业设计

如果你还达不到学术期刊发论文的学霸水平，但又想通过学术项目经历提升与岗位之间的匹配性，那么你的毕业论文、毕业设计、课堂大作业，以及你参加的外部培训班、训练营中的大作业（模拟实践项目等）都可以拿来作为项目经历呈现。当然，由于缺少相关平台的背书，含金量肯定会差很多。举例如下。

项目经历

商业数据分析营-线上实践项目　　2020.04-2020.06

- 数据清洗：运用SQL对京东18万余条销售数据进行数据清洗，去除异常值和缺失值，将数据整理成规范的格式；

- 建模分析：使用Python对小红书销售额进行回归分析，预测未来销售额，并对模型进行迭代和优化；建立逻辑分析模型，对拼多多用户是否使用优惠券进行预测；通过聚类分析对摩拜的使用者进行分群，据此提出有针对性的营销建议；

- 可视化展示：运用Python和Tableau进行可视化分析，制作仪表盘，展示数据研究结果。

5. 竞赛类项目

顾名思义，你所参加的各类竞赛也可以作为项目经历呈现。

竞赛项目的含金量主要由赛事等级和规模决定，大家可以根据自己参加过的赛事的等级和规模排序，选择那些等级规格高、影响力大的赛事经历写。一般是：国际级＝国家级＞企业级＝省级＞市区级＝校级。

另外还可以结合求职目标选择有加分作用的赛事经历，比如应聘市场营销方向工作，各类商赛以及全国挑战杯赛就是有价值的；应聘综合管培生的话，辩论赛的经历也会有加持作用；应聘开发类工作的话，ACM-ICPC（由国际计算机协会举办的国际大学生程序设计竞赛）就是有价值的。举例如下。

实践经历

Southeastern Hedge Fund Competition　　**队长**　　**亚特兰大**　　2019.02-2019.04

- 带领5人团队代表香港理工大学前往美国参加投资策略竞赛，成功入围总决赛并获得第三名；

- 以Piotroski的F-Score模型为原型，通过回溯测试并针对中国A股市场特征重新选取5个指标构造新模型AF-Score，用该模型结合市盈率而选取的50只股票组合十年收益高达1929.31%。

6. 虚拟项目

虚拟项目是指以某个行业和岗位的求职为目标，有意识地设计一个与之匹配的项目，通过完成这个项目来训练、提升、体现你所具备的相关岗位胜任力。

以互联网产品岗为例，同学们如果把它作为自己的求职目标，但又苦于实习难找，简历没有产品相关经历，完全可以自己做一些与之相关的项目。比如撰写一些产品体验和分析报告，基于自己对身边人和环境的观察提出一个产品的点子，并将它形成一个完整的产品策划和设计方案（PRD，Product Requirements Document）。假如你身边刚好有计算机相关专业的同学，完全可以尝试从0到1把这个产品原型做出来。这样完整的产品开发项目体验虽然不是源自某个公司的实际需求，但还原度已经趋近真实的工作场景了。这样的项目训练，对于提升工作认知和专业能力是非常有帮助的，未来写在简历中也很有说服力。

同理：

应聘券商行业研究的同学，也可以通过外部公开信息对你感兴趣的上市公司以及所处行业做一些深入分析和研究，写几份"行业深度报告"练练手。

应聘设计岗位的同学，也可以针对感兴趣的行业和业务方向，找一些典型公司的典型页面做设计上的优化。

应聘数据分析岗位的同学，可以到Kaggle、阿里天池、DataCastle等平台上找数据和业务场景，尝试做几个数据分析项目。

虚拟项目是解决"实习冷启动"问题的最佳途径。尤其在互联网产品、运营、数据分析、商业分析等岗位，证券公司的行业分析岗、投行岗，消费品公司的市场营销岗，咨询公司的研究和咨询助理岗等求职方向上，效果非常好。这些岗位有一个突出的特点就是高度"内卷"（指同行间竞相付出更多努力以争夺有限资源），"卷"到找实习也需要实习经历。没实习经历就找不到实习，找不到实习就不能增加实习经历，不能增加实习经历就更找不到实习，最后成了个"死循环"。而虚拟项目便是打破"死循环"的有效途径。

在撰写项目经历时，以下几个细节是必须呈现的。

① 起止时间。项目开始和结束的时间。

② 项目名称。例如"北京大学中国社会科学调查中心-中国企业创新创业调查(ESIEC)""Limitless（移动电商APP设计）""汉语国际教育指数可视化"等。

③ 角色。你在这个项目中担任的职务或角色，如组长、副组长、项目负责人，或者是基于项目分工的具体职位，如外联负责人、市场推广、产品设计、数据分析等。

④ 项目简介。由于项目名称很笼统，不能让企业快速识别这个项目到底是做什么的，所以需要增加一段简要的描述，让对方理解这个项目做的是什么、解决什么问题、产出什么价值。

例如："ESIEC旨在通过科学抽样和追踪，获得反映中国企业创业、创新和发展的微观数据，推动更高质量的学术和政策研究"，"Limitless是一款帮助用户实现自定义设计个性帽衫和T恤功能的移动端应用"，"对谷歌搜索引擎监测到的数据进行整理分析，将汉语国际教育的相关数据进行可视化展示，并动态监测指数变化趋势"，等等。

⑤ 工作成绩。你在这个项目中具体做出了哪些贡献和成绩。此处的写作技巧与实习经历中的工作成绩写作技巧类似，我会放在本章的第5节单独讲解。

1.4.5　校园经历

学生阶段在学校内外开展各种学生活动都可以算作校园经历，一般可以分成以下四类。

第一类是学生工作经历，主要指在学生会等学生组织任职的经历。

第二类是社团工作经历，主要指在各种校内的兴趣类社团任职的经历。校内兴趣类社团包括像动漫社、街舞社、电竞社这种娱乐属性的社团，也包括职业规划、咨询求职、商业分析、快消行业、互联网行业等相对严肃的功能属性社团。

第三类是在校外学生组织任职的经历。例如：公益性组织（如Green Peace、夕阳再晨、杉树支教等），青年人成长主题的国际性组织（如AIESEC、Enactus、JA、TEDx等）。

第四类是以参与者身份参与的各类校内外活动的经历。需要注意的是，这类经历跟前三类不同。前三类经历中，你是组织内的工作人员，是学生会、团委或社团等中的一分子，承担了这个组织中的某些工作职能；而第四类经历指的是你以参与者的身份参与到各项活动当中。比如：以演员的身份参与文艺部组织的文艺演出，以支教教师的身份参加支教活动，以参赛选手的身份参与各类竞赛，等等。

另外，对于竞赛经历，有时可以放在校园经历里，也可以放在项目经历里，还可以放在学术经历里。到底放在哪，一方面取决于竞赛本身的情况，另一方面取决于简历的整体设计策略。如果竞赛的学术性质较强，就可以放在学术项目里；如果竞赛与行业和企业中真实的业务需求更紧密（比如快消公司和咨询公司组织的商赛），就可以放在项目经历里；如果是一些学校内部的竞赛，则可以放在校园经历里。还可以从简历的整体设计策略入手，哪个模块的经历相对少，就可以归入此模块，避免简历看起来过于单调。另外，如果竞赛经历非常丰富，是专注于某个领域的赛手（比如数学、计算机、双创等），那亦可以直接把"竞赛经历"单独作为一个模块来写。

在简历里写校园经历时，针对前三类经历，至少应体现以下4个细节。起止时间：任职或活动的开始及结束时间。任职组织：在哪个组织任职，比如学生会、团委、动漫社、职业规划社团等。职位：比如主席、部长、副部长、干事等。工作成绩：任职期间所有工作成绩的总结。

针对第四类以参与者身份参加的各种活动经历，那就要把"任职组织"和"职位"相应调整为"活动名称"和"角色"。活动名称：如"校第十一届文化节文艺晚会""校第六届科技知识竞赛"等。角色：如参赛队队长、演员、记者等。

1.4.6 其他信息

个人基本信息 + 教育经历 + 实习/工作/学术/项目/校园/社会实践等经历，这三部分内容整合在一起就可以算是一份完整的简历了。除此之外的内容都是锦上添花，这些锦上添花的内容中，对简历产生加分作用的有三类：技能与证书、兴趣爱好、作品集。

1. 技能与证书

技能主要是指一些必备的职场通用技能和泛用性的专业技能，证书主要指能证明专业能力的证书。具体包括以下几种。

（1）外语水平

英语或者其他小语种，并说明掌握水平。

第一，可以注明等级和成绩以体现外语水平。比如CET-6（598分），雅思6.5等。

第二，可以增加一段文字性描述。比如"可作为工作语言""大学期间坚持笔译兼职，累计翻译各类文献文件超百万字""大学期间担任APEC峰会现场英文志愿者，为国外参会嘉宾提供英文咨询服务"。

（2）办公软件技能

主要就是指Office办公软件的使用，Word、Excel和PPT是最基础的办公软件。

这里需要注意，不要简单地写上"熟练使用Word、Excel、PPT等办公软件"或者"MS Office（熟练）"。正确的做法是用文字描述能用Office做什么，尤其是Excel中一些能大幅提升工作效率的功能的使用，如跨表联查（Vlookup、Hlookup、Xlookup）、数据透视表、动态图表（切片器）、VBA与宏（自动化工作与处理）等。比如"熟练掌握Vlookup函数快速完成大量数据表格之间的联查、导入、数据核对等工作""熟练掌握数据透视表进行简单数据分析""熟练掌握切片器功能制作动态图表"等。

（3）工具软件技能

主要是指一些泛用性较强的工具软件的掌握水平，这些软件工具能大幅提升工作效率。比如：思维导图工具（MindManager、Xmind等）、图像处理工具（Adobe Photoshop、Adobe Illustrator等）、音视频处理工具（Adobe Audition、Adobe Premier、After Effect等）、动画制作工具（C4D、3Dmax等）、商业智能工具（Tableau、PowerBI、FineBI等），甚至是公众号排版工具（135、壹伴、秀米等）、产品原型图制作工具（Axure、墨刀、Sketchup、Processon等）。和前面的办公软件同理，不要泛泛地说自己熟练掌握这些工具，一定要用简单的文字描述自己能运用这些工具做什么。

（4）证书

主要指一些能证明专业能力的证书。能证明专业能力，就要求证书必须有一定的含金量，普遍认可度要高，并且与你的求职方向匹配，比如建筑工程方向，注册建筑师、建造师、监理工程师、造价工程师、房地产估价师等，都是受国家认可的准入类资格证书。

那么哪些证书含金量高，值得大家去备考呢？这里给大家3个最简单、最直接、最准确的判断证书含金量的办法。

① 参照人力资源和社会保障部《国家职业资格目录（2021年版）》。目录分为专业技术人员职业资格和技能人员职业资格两大类，前者有59项，后者13项。详细的证书列表，大家可以访问中华人民共和国人力资源和社会保障部官方网站下载目录查看。

② 看发证单位的属性。发证单位的级别越高，影响面越大，证书的可信度和含金量就越高。比如注册会计师的发证单位是中华人民共和国财政部，含金量就很高。

③ 看企业认可度。可以从两个方面入手：一是分析岗位JD。举个例子：你想去券商投行，可以直接去看意向岗位的招聘要求，可以多找几个相关的，再综合分析，总结该岗位一般都要求什么条件，有没有对证书的要求。如果多家公司的岗位JD中都明确必须具备这个证书，那说明这个证书的含金量还是可以的。二就是找业内人聊天，寻求他们的建议，而且要多找几个，最好找工作5年左右的，这个阶段的业内人士给出的建议既有深度和高度，也具备可操作性。

2. 兴趣爱好

兴趣爱好可以考虑两方面。一是考虑整体篇幅，如果前面内容已经足够一页纸放不下其他内容了，那兴趣爱好可以不写；二是考虑此兴趣爱好是否你真正感兴趣，通过兴趣爱好企业是否可以看到一个更立体、更有血有肉的你。当然，如果兴趣爱好与工作有交集，那肯定是加分的，要写上去。

如果决定要写兴趣爱好，请务必做到以下2点。

① 实事求是，不要捏造兴趣爱好，或者凭空为自己贴上那些看起来高大

上的兴趣爱好。如果你的兴趣爱好是打游戏，那就大大方方写出来，如果你觉得求职的岗位或者公司可能对"打游戏"这种兴趣爱好不太友好，那就干脆不要写。总之不要给自己后续的面试"挖坑"。

② 复盘你在兴趣爱好上取得的成果，将这些成果简要地展开描述，尽可能将成果量化出来。比如"喜欢电子竞技，兼职游戏解说，B站游戏UP主，累计发表游戏鉴赏、精彩集锦、比赛解说、赛事分析等类型视频作品达200余部，粉丝超20万"。

3. 作品集

除了"技能证书"和"兴趣爱好"外，在应聘某些岗位时如果能呈现自己过往作品集，会对简历和面试有比较大的加分效果。比如：应聘设计类岗位，呈现设计作品集；应聘产品类岗位，呈现PRD（产品需求文档）、原型图等作品集；应聘营销类岗位，可以呈现营销策划案，甚至是落地的活动和广告页面，等等。

你可以通过两种方法把作品集放在简历中的"其他信息"部分，如下面的例子所示。一是直接放上对应的链接，二是把链接转换成二维码放置在合适位置。两种方式都需要在旁做相应注释。

其他信息

- 计算机：熟练使用Xmind、Vision、墨刀、Axure绘制产品原型图、产品功能逻辑图，以及用户体验流程图。熟练使用PPT制作产品介绍文档，能使用Excel中的数据透视表功能进行简单的产品和业务数据分析，使用切片器功能制作简单的动态数据看板
- 外语：英语CET-6（598），日语N2
- 知乎专栏：https://www.×××.com/×××/×××（独立撰写的25篇产品分析合集）

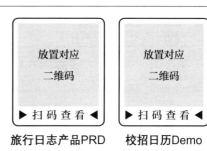

旅行日志产品PRD　　校招日历Demo

1.5 高阶技巧：如何将实习实践经历写出彩

上一节在讲每个模块写作技巧时，更多在讲每一类经历中的"标题部分"怎么写，比如经历的起止时间、公司/项目的名称、岗位/角色的名称等，这一节就聚焦经历中的"描述部分"，教大家如何运用技巧将这些实习实践经历写出彩，提升简历的整体质量和竞争力。

接下来的内容仅以实习经历作为切入点，其他如项目经历、学术经历、校园经历的写法在逻辑上是一样的，大家举一反三即可。

1.5.1 内容撰写技巧

1. 用"工作职责"控制简历篇幅

前面在讲"实习经历"写作技巧时提到过，"工作职责"是可有可无的内容，写与不写要结合每个人的实际情况来定，这个"实际情况"就是简历整体篇幅。

用具体的案例来讲解。下面是一位在英国留学的同学在留学期间的创业经历。

例1：她把这段经历拆成了2个部分，先写工作职责，再写工作成绩，并且职责与成绩基本做到了逐条对应。

实习经历

| 2015.03-2016.09 | 英国LADY FIRST LTD. | 联合创始人 |

岗位职责：

- 全面负责公司商务拓展与市场开发和运营工作，包括负责线上媒体推广与宣传、微信号等新媒体运营、项目赞助商合作洽谈。

- 全面负责公司海外学术辅导课程产品的品牌推广、市场宣传、产品研发与定价、产品运营以及课程服务质量监控工作。

- 全面负责公司海外学术辅导课程导师的开发、洽谈，导师团队的管理运营与维护工作。

- 负责公司线下面授课程授课工作，包括英国文化、美容形体、情感心理三大门类课程的线下课程讲授。

工作成绩：

- 开拓并促成与British Red Scarf、Sheffield Hallam、英国那些事儿、英国大家谈等热门新媒体，以及超过100位流行网红博主的线上媒体签约合作。累计为LADY FIRST系列课程引流并转化客户超过200人，实际业务营收超过16万英镑。

- 开拓并成功洽谈包括NYR、Rodial、My Trusty、Botanic等英国本地小众有机护肤品牌以及英国家族红酒Lincoln Red Win在内的20多家赞助商，累计赞助折算超过25万英镑。

- 开发并成功洽谈包括澳大利亚、印度、中国等国籍在内的130人的海外学术辅导专家团队，为在英国留学的各国留学生提供课程以外的学术指导。累计客户群800人以上，课程复购率70%，月均营收11000英镑以上。

例2：同样的经历，只有工作成绩，没有工作职责，篇幅被压缩了，但并没有让看简历的人对她都"做了什么"的理解造成障碍。通过阅读"工作成绩"我们依旧能总结出她所负责的工作主要涵盖商务拓展、外部合作洽谈、品牌与市场推广、媒体合作、课程开发与导师维护等。

实习经历

2015.03-2016.09　　英国LADY FIRST LTD.　　联合创始人

- 开拓并促成与British Red Scarf、Sheffield Hallam、英国那些事儿、英国大家谈等热门新媒体，以及超过100位流行网红博主的线上媒体签约合作。累计为LADY FIRST系列课程引流并转化客户超过200人，实际业务营收超过16万英镑。

- 开拓并成功洽谈包括NYR、Rodial、My Trusty、Botanic等英国本地小众有机护肤品牌以及英国家族红酒Lincoln Red Win在内的20多家赞助商，累计赞助折算超过25万英镑。

- 开发并成功洽谈包括澳大利亚、印度、中国等国籍在内的130人的海外学术辅导专家团队，为在英国留学的各国学生提供课程以外的学术指导。累计客户群800人以上，课程复购率70%，月均营收11000英镑以上。

通过两个例子的对比，可以看出：同一段经历，例1的写法占的篇幅更大，例2则更小，这就为大家提供了一个用来调节简历篇幅的实用技巧。

如果你的实习经历很多，并且都是高含金量实习，那么你在写简历时最发愁的大概率是篇幅不够、内容放不下的问题。这时候你就可以采用例2的做法，只写工作成绩，不写工作职责，以压缩每段经历的篇幅。但如果你的实习经历非常少，担心所有内容都写完也凑不到一页纸，或者虽然能凑满一页纸，但实习经历在整个篇幅中的占比太低，没有达到之前提到的"让实习经历落在黄金区域"的效果。这时候就可以采用例1的做法，先写工作职责，再写工作成绩，篇幅就自然被放大了。

2. 用数字量化工作内容与成绩

要尽可能用数字量化每项工作内容和成绩，这不仅能体现你的工作水平，也能提高经历本身的可信度。如下提供示例供大家参考学习。

实习经历

2018.03-2018.08　　　**腾讯音乐**　　**产品运营实习生**　　**深圳**

艺人直播运营

- 运营13场艺人直播项目，累计直播观看人次达224万；

- 对接艺人侧获取节目相关物料，独立撰写节目标题、微博文案、图片文案等50+个；

- 沟通外包设计师，制作节目焦点图、海报等各类宣传用图片50+张；

- 沟通节目主持人5名，与主持人预演直播流程；

- 沟通公司内其他部门，协调节目上线推广和宣发资源，确定排期。

直播答题"一乐成名"

- 策划并运营音频直播答题节目"一乐成名"15场次，累计参与人次达790万；

- 分析包括"网易云音乐-爱乐之战""搜狐-知识英雄"在内的主流直播答题竞品，梳理活动玩法和规则，分析优缺点，挖掘产品差异性，识别运营风险点，并撰写15页的竞品分析报告；

- 编写了13个专场题目累计150+道，沟通主持人制定活动台本并提前预演，编写微博文案、焦点图文案26个，与设计师沟通设计活动宣发用图片50+张。

其他运营工作

- 撰写QQ音乐公众号微信推文9篇，平均阅读量12000+，累计阅读量113774，其中3篇阅读量突破2万，最高阅读量30781；

- 分析包括映客、花椒、网易薄荷、喜马拉雅、蜻蜓FM、抖音、YY在内的15个同类竞品的用户等级体系以及红包规则，撰写20+页竞品分析报告，并基于竞品分析结果设计撰写了"QQ音乐直播电台用户等级体系需求方案"和"QQ音乐电台直播红包体系需求方案"，并成功通过技术评审。

3. 体现工作所用到的方法、技能、工具等细节

如果岗位JD中明确提出了"要求具备"或"最好具备"某些技能、方法、工具，那你在准备简历时，可以有意识地检查现在简历中是否体现了这些细节。如果没有，回想一下这些东西是你不会，还是你会，而且之前的实习也用到过，只是没写进去。如果是后者，立马动手改简历。只要简单地替换或增加词句等，做些许微调，就能提高简历匹配度，效果立竿见影，来看个例子。

NIO蔚来-算法实习生

岗位职责：

1. 负责数字座舱内前沿算法研究，负责原型系统实现及算法改进；

2. 协助算法工程师进行检测、分割、3D等前沿技术研发工作。

任职要求：

1. 硕士及以上的在读同学，物理、数学、计算机等专业；

2. 了解机器学习和深度学习相关理论知识，对于深度学习具有浓厚的兴趣；

3. 有良好的工程能力以及论文代码阅读能力，熟练使用Python、C++；

4. 有图像领域的知识或项目优先；

5. 乐于学习，有很好的主动性，渴望快速成长；

6. 能够连续实习6个月及以上，每周出勤3天以上。

这个岗位JD中明确提到了对Python、C++的要求，还提到了"图像领域"知识和项目，以及"深度学习"和"机器学习"的内容，所以你可以在简历中尽可能增加这些内容，提高匹配度。例如：

实习经历

2020.06-2020.09　　××汽车　　算法工程师助理

- 研究国内外自动驾驶领域内的文章，为研究工作提供协助，使用C++和Python实现部分算法；
- 协助算法工程师针对数字座舱进行DLP技术研发，指纹识别算法研发；
- 利用机器学习算法逐帧跟踪汽车的运动位置，使用MATLAB进行车辆的检测和判断；
- 协助算法工程师分析目前驾驶原型系统存在的问题并提出优化点。

可以看到，这段经历的描述对前面提到的开发语言和专业知识都有明确体现。

4. 分析岗位JD寻找核心关键词

我们还可以反向利用ATS系统中的优先关键词分析机制，实现提高简历匹配度的效果。举个例子：

岗位名称：小红书-企业号运营实习生-行业/直播方向

工作职责：

1.负责薯店**运营**，对企业薯店商家进行常规**答疑**、**指导**和**培训**；

2.负责日常薯店成交和直播数据的**分析**；

3.辅助**策划**和执行企业薯店活动，负责活动文案**撰写**，商家**宣发**等；

4.辅助企业薯店的相关案例挖掘和方法论总结，**优化**薯店产品运营工具。

任职资格：

1.本科及以上学历，大三/大四保研同学以及研一在读同学优先；

2.熟练掌握Office办公软件，具备互联网运营经验优先；

3.有一定数据分析能力和相关互联网运营经验优先；

4.有较强的沟通能力、抗压能力、执行能力和团队合作精神，细致耐心有责任感；

5.工作地上海，实习期3～6个月，能够立刻入职的优先。

关键词已经在岗位JD中特殊显示了。其中：加粗的关键词都是动词，下划线的关键词都是名词或名词短语，还有几个波浪线所示的关键词既是名词也是动词，包括"沟通""抗压""执行""团队合作"。

实际上，这些关键词为我们提供了大量语料素材，尤其是当你不知道如何措辞时，完全可以从这里选取合适的词。

如果你在学生会外联部的时候，除了带领团队完成各类活动的外联和筹备工作外，还会把如何去找合作商家、如何拿到赞助费这样的经验分享给大家。另外，你还会对赞助商在校内活动的落地给予一定建议和支持，最大限度地提升活动效果，维系赞助商关系。这时候，你完全可以把"指导""培训""优化""策划""撰写"甚至是"分析"这样的词都用进来，比如：

带领外联团队4人完成20+场校内活动的外联筹备工作，累计筹集各类活动赞助折合人民币30000余元。**分析**合作品牌及商家的核心诉求，**策划**品牌和赞助商在校内的落地活动，并**撰写**策划案11个，**活动文案**15个。**指导**并**培训**外联团队成员的合作洽谈技巧，不断**优化**内部谈判话术，提升获取赞助的成功率。

你看，一段看起来跟这个实习岗位毫无关系的校园经历，就这样被优化成与求职目标匹配度更高的经历了。虽然从经历的含金量看，这段校园经历含金量的确不高，但在你没有更高含金量经历的情况下，通过这个简单的小技巧就能让这段经历发挥出更好的效果。

如果你有跟这个实习岗位相匹配的高含金量实习那就更好了，重新检查下你的这段实习经历里是不是覆盖到了我们标记的这些关键词，如果没有，在不改变事实的前提下尽可能调整。注意：关键词的覆盖不一定非要在一段经历里，分散在多段经历里也没问题。

1.5.2 书面表达技巧

除了上述4个内容方面的技巧外，还需要用到一些书面表达上的技巧。这些技巧有助于我们在有限的篇幅内把这些内容交代清楚，确保看简历的人看得到、看得懂，不产生歧义和误解。具体有2个技巧。

1. 结构化表达

结构化表达技巧是职场人必备的一项底层能力，无论是在书面表达还是口头表达中都极为实用，来看个对比。

实习经历

| 2015.03-2016.09 | 英国LADY FIRST LTD. | 联合创始人 |

留学期间开拓并促成了与British Red Scarf、Sheffield Hallam、英国那些事儿、英国大家谈等热门新媒体以及超过100位流行网红博主的线上媒体签约合作，累计为LADY FIRST系列课程引流并转化客户超过200人，实际业务营收超过16万镑。还洽谈了包括NYR、Rodial、My Trusty、Botanic等英国本地小众有机护肤品牌，以及英国家族红酒Lincoln Red Win在内的20多家赞助商，赞助折算超过25万英镑。同时还开发了130人的海外学术辅导专家团队，为在英国留学的800多个各国学生提供课程以外的学术指导，每月营收均在11000英镑以上。

故事式的表达，内容聚成一团，缺少层次和条理，让人看起来很累。

实习经历

| 2015.03-2016.09 | 英国LADY FIRST LTD. | 联合创始人 |

- 媒体开拓：开拓并促成与British Red Scarf、Sheffield Hallam、英国那些事儿、英国大家谈等热门新媒体，以及超过100位流行网红博主的线上媒体签约合作。累计为LADY FIRST系列课程引流并转化客户超过200人，实际业务营收超过16万镑。

- 赞助商洽谈：开拓并成功洽谈包括NYR、Rodial、My Trusty、Botanic等英国本地小众有机护肤品牌，以及英国家族红酒Lincoln Red Win在内的20多家赞助商，累计赞助折算超过25万英镑。

- 海外学术辅导业务：成功开发130人的海外学术辅导专家团队，为在英国留学的各国学生提供课程以外的学术指导。累计客户800人以上，课程复购率70%，月营收11000英镑以上。

结构化表达，对内容做了合理拆分，条理清晰、层次分明，让人看起来赏心悦目。

结构化表达有4个原则：结论先行、以上统下、归类分组、逻辑递进。其中的"结论先行""归类分组""逻辑递进"在简历写作中的应用最为直观，上面的例子就是运用了这3个原则。

① 归类分组：先把实习工作内容和成绩梳理一遍，再做归类分组，把相同属性的内容放在一起写，属性不同的用项目符号区分开，形成要点符（bullet points）。需要注意的是，对内容进行归类分组时要遵循MECE（Mutually Exclusive Collectively Exhaustive，即相互独立、完全穷尽、不重不漏）原则。

② 逻辑递进：在罗列内容时，要按照"由主到次""由重要到次要"的逻辑规则进行排序。

③ 结论先行：将每项工作内容和成绩做高度抽象化的提炼，形成一个短语放在句子开头，让看简历的人第一眼就明白此项要描述的是哪方面的工作以及相应的成绩。

另外，结论先行是书写实习经历时非常讨巧的小技巧，如下面的例子所示。尤其是当"提炼总结的短语"与"岗位JD中的关键词"高度重合时会非常加分。

项目经历

| 2018.09-2018.11 | 金华国贸景澜大酒店双11节日活动策划 | 创意策划负责人 |

针对金华最为老牌的四星级酒店，为酒店自助餐厅策划双11节日活动，提升自助餐厅品牌影响力以及流量热度

- 消费者调研：带领8人团队，利用5天国庆假期时间，于市区CBD和重点商圈等年轻人聚集区域开展线下消费者访谈和调研，并在当地高校投放线上调查问卷。累计发放问卷2000+份，实际回收有效问卷1300+份，回收率达65%。

- 创意方案撰写：分析调研反馈和数据，结合酒店实际，设计了"找锦鲤不如吃锦鲤"和"修泳池不如排水造派对"2个双11创意活动，并撰写创意策划方案。方案最终从8个预选方案中脱颖而出，被酒店正式采纳。

| 2018.09-2018.11 | 云闪付NFC支付推广方案（One Show参赛项目） | 项目组长 |

基于云闪付brief要求，制定该产品面向18-30岁年轻人群的推广方案，使用户在支付场景下首先想到云闪付

- 确定研究框架：提炼产品核心卖点，确定调查对象以及调研方法。设计调查问卷，设计线下访谈提纲，从使用频率、使用场景、价格敏感程度、付费意愿、品牌信任程度、了解该产品的渠道、时间在意程度、产品交互界面评价等方面构建研究框架。

- Desktop research：基于中国支付清算协会的行业数据，以包括支付宝、微信在内的主流支付应用为对象，使用SWOT进行竞品分析，并形成相关定性结论。

- 用户调研：发放线上问卷500份，回收有效样本380份，回收率76%。线下访谈不同职业背景的目标用户6人。

- 创意方案撰写：以时间为卖点，设计"一分钟，你可以"的广告策划方案，最终入围决赛并获得优秀。

2017.04-2018.04　　　　　　Web2.0时代短视频平台优化策略　　　　　　项目组长

以"抖音"App为对象，辐射主流短视频应用，对短视频行业在数字媒体时代的平台优化策略展开研究

- Desktop research：通过知网、超星等学术数据库，搜集并阅读"短视频社交"相关主题文献、报告、研究案例20篇，并形成对行业发展状况和问题的定性结论。

- 用户调研：利用社交媒体发放调查问卷，优化问卷视觉效果，设计填写奖励机制，促进调查问卷的裂变传播，累计获得有效问卷600+份。带领4人团队，开展从业者专访2次，重度用户访谈6次，焦点小组访谈2轮共12人。并使用SPSS对调研数据进行统计和分析。

- 研究报告撰写：通过定量与定性研究，对短视频平台运营弊端、用户反馈意见进行总结，并提供相应解决思路，最终形成30000字项目报告。

　　这位同学的3段项目经历都采用了结论先行的写法，并且反复出现如"消费者和用户调研""Desktop research""创意方案撰写"这3个关键词，这些关键词对于求职商业分析、市场营销等岗位来说都是很加分的核心关键词。

2. 使用HDWR句式

　　学会用"How"+"Do"+"What"+"Result"四个要素组成一句话，也即用××方式做了××事并取得了××成果。

- How：用什么样的方式、方法、工具、语言、框架、技术、模型等，也就是前面我讲过的"体现出经历中用到的方法、工具等细节"。
- Do：做的事情不同，搭配的动词也不同，比如撰写、分析、总结、实施、推进、领导、完成、促进、提升、降低、挽回等。动词用得好，不仅从语言搭配上更合理，阅读更顺畅，还能体现你的某些能力。
- What：做了什么事情，尽可能用数字去量化这些工作内容（包括过程中的成绩）。
- Result：最终的成绩和成果，同样要尽量学会量化成果。

HDWR句式是书写各类经历时最简单实用也最具操作性的技巧，每段经历、每个要点、每一句话，都可以运用这个句式结构，比如：

实习经历

| 2019.10-2020.05 | 沃尔沃（上海）总部 | 销售计划与订单管理实习生 |

- 使用SAP系统对接并监控全国数百家经销商日/周/月销售数据，并制作百余份日/周/月报表；
- 完成1000+台车辆的销售调剂调度工作，解决经销商在车辆批售过程中的近百个问题，大幅提升批售效率；
- 每日跟进30000+台资源车的车辆信息与销售动态，制作Excel表格，并与财务部门核对数据；
- 通过邮件对接工厂跟进项目订单情况，提醒并督促项目进展，实习期内每月交车率100%。

- 使用SAP系统（How）对接并监控（Do）全国数百家经销商日/周/月销售数据（What），并制作（Do）百余份日/周/月报表（What，同时也是Result）；
- 完成（Do）1000+台车辆的销售调剂调度工作（What），解决（Do）经销商在车辆批售过程中的近百个问题（What），大幅提升（Do）批售效率（What，同时也是Result）；

◆ 每日（How）跟进（Do）30000+台资源车的车辆信息与销售动态（What），制作（Do）Excel表格（What），并与财务部门核对（Do）数据（What）；

◆ 通过邮件（How）对接（Do）工厂跟进项目订单情况（What），提醒并督促（Do）项目进展（What），实习期内每月交车率100%（Result）。

另外，在使用HDWR句式结构时，要注意尽可能使用带有实际意义的"Do"，即实义动词。

很多同学在做简历时由于语言习惯和词语量的限制，喜欢用一些笼统的、模糊的、看起来很虚的动词，最典型的就是"负责"，例如：

负责公司公众号的运营

负责内部数据中台的开发

负责商城购物车板块的用户端页面设计

负责TP-SDL021型无人机产品云台部件的性能优化

负责新消费领域的行业研究与投资机会发现

"负责"的含义相对模糊，词本身并不能体现你的某方面能力，也没有体现你在这项工作中的实际贡献。同样类似的词还包括"完成""承担"等。其实，只要去掉"负责"，并稍微调整一下句式结构，就能让同样的内容展现出不一样的效果。

运营公司官方公众号

开发内部数据中台

设计商城购物车板块的用户端页面

　　优化TP-SDL021型无人机产品云台部件的性能

　　研究新消费领域行业发展，发现潜在投资机会

除了"结构化表达"和"使用HDWR句式"外，还有3个很基础的简历写作规范需要注意：以"我"为主语的句子要省略主语；使用"已完成"的过去时态；使用陈述句。

拓展：关于"STAR法则"

很多讲简历写作技巧的图书和文章都会教授用STAR法则描述一段经历，在我看来这是严重的误导。

STAR法则本质上是一个用来"讲故事"的框架，是用来描述一个具体事件的。比如：

　　英国留学生中有很多同学由于刚到国外尚不能适应生活环境，加上语言暂时还无法达到自由交流的水平，很多同学在上课时没办法完全理解老师所讲的内容，甚至有时候连老师布置的作业和课题都不能准确理解，这就给这些同学的学习带来了极大的不便。（**Situation，背景**）

　　于是，我萌生了一个想法：为这些同学提供短期的学术辅导，主要聚焦于对课堂内容的理解以及课后作业的指导，帮助他们渡过这个适应期难关。（**Target/Task，目标或任务**）

　　为了达成这个目标，我先是联系了一些英国名校留学生和本地学生，告诉他们我的想法，并邀请他们成为我的"专家团队"一员。其次，我通过调研和访谈的方式了解到市面上做同类业务的小型公司或者兼职，请教了他们关于这个业务模式中的细节和问题，尤其是定价与计费标准的问题。再次，我将这些"专家团队"成员按照性别、学校、专业、学科等维度做了详细的整理，并分别为每个成员打上标签，然后制

作成一张张卡片式的电子海报，并发布于我所注册的专门用于推广这项业务的博客上。最后，我通过学联、学生会、社团等组织，以及Twitter、Facebook、WeChat、Instagram等社交媒体向我的目标群体推广了这项服务，并安排了专门的运营人员接待有咨询需求的学员，同时负责付费和后续的匹配对接工作。（**Action，行动**）

最终，我的这项业务在半年内累计完成了交易超过1000人次，累计交易流水超过10万欧元，实际盈利超过2万欧元。我的"专家团队"也从一开始的50多人逐渐壮大至200人。（**Result/Reward，结果或成绩**）

这样大段的故事式的描述明显是不能用在简历里的。即便通过排版的技巧把内容提炼得有条理、有层次，内容依旧太多了。而且对于看简历的人来说，关注的其实是Action和Result/Reward的部分，至于Situation和Target/Task是不需要呈现在简历里的。

另外，绝大多数的情况下，我们在梳理和总结实习经历时并不是以事件为单位的，所以写在简历上的每个要点，很可能是对多个同类工作事件的梳理和总结。比如：你在实习中可能做了好几个激活老用户的线上活动，但你不可能把每个活动的背景、目标、行动和结果都描述一遍，太啰唆。都是同样为了激活老用户，完全可以合并在一起，然后以"用户促活"作为这个要点的开头，后面跟上前述的HDWR句式，这才是最合理的写法。

这里并不是否定"STAR法则"的作用，相反，在回答面试问题时它是非常实用的技巧。但它在简历写作上的优势并不明显，在简历撰写实操中也很难落地。对于简历写作来说，不能直接让大家把"心里想的"变成文字的方法，算不得方法。

1.6 英文简历中的注意事项

英文简历的写法跟中文简历在大体上是一致的。前面讲解中文简历时的基本原则、内容模块、排版布局，以及每个模块的写作技巧，还有撰写各类经历时的高阶技巧等亦适用于英文简历的写作。这一节主要介绍中英文简历撰写的不同之处。

英文简历的内容和排版布局示例扫码点击"【书内拓展内容】"可见。

中英文简历的内容和排版存在一定差别。

1. 英文简历中可以不放照片

如果你是在海外求职，那么英文简历上就不要放照片。包括一切有可能导致就业歧视的私人信息都可以不呈现在简历上，包括性别、民族、人种、身高、体重、国籍、年龄等。

如果是国内求职外企，多数外企在招聘时会要求提交中英文两版简历，中文简历通常是放照片的，英文简历可以按照惯例不放照片，除非企业在招聘公告中明确要求英文简历中需要放照片。

2. 中英文简历字体尽量保持一致

很多简历教程会强调衬线字体和非衬线字体的选择问题。其实，不管是衬线字体还是非衬线字体，无论是书面打印效果还是手机和电脑端的电子版显示效果，基本上不会有明显的优劣之分。所以中英文简历在字体上完全可以保持一致，只要选择那些中英文都适配的字体即可，如微软雅黑、等线、黑体等。

3. 姓名的写法

英文简历中姓名的写法可以分两种情况。

如果是用中文名，则按照一般的"名"+"姓"的格式书写，如Xiaoyu Lou，也可以全部用大写，如XIAOYU LOU，都没问题。

如果你有英文名，则按照"英文名"+"中文姓"的格式书写，如Cosmos Lou。对于想在外资企业长期发展的同学来说，起一个顺口的英文名并长期使用还是有必要的。另外大家给自己起英文名的时候最好是用音译的方式起名。比如：张婷，Tina Zhang；徐凯，Kevin Xu。像我的英文名就是意译，不太容易被记住，起得就不是太好。

4. 电话号加区号

国内电话可以在前面加上国际区号86，如"（+86）188-8888-8888""+86 188 8888 8888"都可以。

5. 日期中的月份简写

在写日期的时候，如果使用的都是阿拉伯数字，那就确保全篇的日期都保持一个格式，比如08.2020—03.2021或08/2020—03/2021都可以。但如果使用的是英文月份，由于每个月份单词的长度不一样，所以建议使用简写，比如Aug.2020—Mar.2021。

6. 公司名称的写法

跟中文简历一样，写公司名称的时候用它广为人知的简称即可，不需要全称，如IBM（International Business Machines Corporation），AMD（Advanced Micro Devices），P&G（Procter & Gamble）。

同样地，如果你是在国内实习，国外求职，那么在描述实习经历时需要对这家公司做一个简单的介绍，便于国外公司的HR迅速理解你这段实习经历的方向和价值。具体做法也是两种形式。

一种是对标另一国的同类公司做类比，如"Baidu（Chinese version of

Google）" "Didi（Equivalent of US Uber）"。

一种是直接在标题行下面加文字描述，如"A unicorn company with core competitiveness in the field of AI"。

7. 美式英语与英式英语的选择

美式英语和英式英语在部分细节上会有差别，尤其是单词的拼写，所以写英文简历时要注意统一，要么全用美式英语，要么要用英式英语，不要混着用。

8. 毕业时间

应届生和在校生投递简历时，很多还没毕业，中文简历的做法是直接把预计毕业时间写上去，如2019.09—2023.07。英文简历则需要在预计毕业时间前加"Expected"或"Expected Graduation"，如09.2019—Expected 07.2023，Sep.2019—Expected Graduation Jul.2023。

9. 专业和学位

不同于中文简历中把专业和学历学位分开写，英文简历中的专业和学位一般放在一起，比如Bachelor of Science，Master of Business Administration。细分专业可以在学位后面加"in"连接，如Bachelor of Science in Computer Science。

10. 避免长而复杂的复句

简历写作中不建议使用结构复杂且长的复句，避免影响简历阅读者的阅读效率。

另外提醒国外求职的同学，在写完简历后记得把内容同步到LinkedIn个人主页上。如果整个求职过程中有修改，也要记得实时同步。国外公司在招聘时喜欢通过求职者的简历找到其LinkedIn主页，所以海外求职的同学既要维护简历，也要维护好LinkedIn主页。

—— 第 **2** 章 ——

申请与投递

有了求职目标，有了精心准备过的简历，就可以开始申请和投递了。

申请和投递的第一步，是要找到入口，也就是每家企业发布的招聘公告。

于是，跟踪企业校招公告的发布情况，是求职者的必备功课。一般情况下，一个应届生想要在校招季斩获offer，要投递40封以上的简历才有可能成功。如果要达到"你选offer"而不是"offer选你"的水平，那就要勤奋一点，投100~200封简历也不是什么了不起的事情。这时候，同时跟踪这100~200家企业的招聘动态就成了求职者逃避不了的一项准备工作。

开始投递前，建议大家先好好阅读招聘公告，里面会包含很多信息，有几个地方特别需要大家关注。

（1）招聘对象

虽然校招默认招聘的是应届生，但实际情况中每家企业对于"应届生"的界定是不一样的。另外，需要注意的是，有些公司即便声明了"接受×年内的往届生"，但是有前提条件。一般常见的条件有3种：一是学生必须是首次就业；二是学生的档案还在学校，未迁到人才市场或者某个公司；三是学生之前未签订过劳动合同，或者没有社保记录。当然也可能会有其他条件要求，一般都会在招聘公告里说明。如果不是很理解，或者自己觉得拿捏不准的话，直接给公司HR打电话，问一下就好了，不要自己瞎猜。解答求职者的疑问，是公司HR部门校招组的职责和义务，不用有任何心理负担。

（2）条件要求

虽然每个岗位的招聘要求都会不太一样，但是有些公司（例如国企）通常会在公告里对当年所有招聘岗位的基本要求先做一个整体上的描述，主要是对学历、学校、专业、年龄等基本条件的要求，有的公司也会把前面关于招聘对象的描述合并在这里。

这些条件要求大概率属于"硬性标准"，符合了才有参加招聘的资格，不符合的话即便申请了，大概率也会被淘汰。如果对这些条件有疑问，结合自己的情况不知道该怎么判断的话，还是那句话：直接给公司HR打电话，问一下就好了，不要自己瞎猜。

（3）招聘流程

通常一个企业的校招会包含申请与投递、简历筛选与资格审查、宣讲会及开放日活动、笔试、面试、性格测试、offer与录用公示、体检等环节。搞清楚流程可以帮你针对每个环节提前做准备。

比如，有的企业只要你申请了就能拿到笔试（俗称海笔），而通常情况下拿到这种笔试都要求最多72小时内就完成笔试。如果你在此之前还没准备好笔试就直接申请，那就意味着你只有不到72小时来准备笔试了，这就比较被动；甚至有的公司干脆在申请的同时笔试，那就更被动了。

再如，现在很多互联网公司会搞"提前批""正式批"的噱头，这就需要你弄清楚两者之间的关系。有的公司的提前批是独立流程，开始得很早，上一年春招刚结束，下一年秋招的提前批就开始了，跟正式批不重叠，而且即使在提前批中被淘汰了，也并不影响接下来参加正式批的招聘。而有的公司两者是交叉流程，比如××月××日之前完成网申提交的就算提前批，之后的都算正式批。这些细节都需要提前了解清楚。

总之，各家公司的招聘流程均有差别，同一环节，不同企业具体的实施细节也不尽相同。这些都需要你提前了解，做到心中有数。

（4）考核内容与形式

除了了解流程，很多企业还会对流程中每个环节的具体细节做进一步说明，比如笔试的形式、考题方向，面试的形式、轮次、考察要点等，这些信息也能帮你更有针对性地做求职准备。

（5）重要时间节点

大型企业的校招通常会明确流程中每个环节的时间节点，以便广大求职者合理规划自己的时间，提前做好相应准备，不错过关键环节。对于求职者来说，申请的开始和截止时间是最需要关注的，这样才能确保自己在申请截止前提交相应资料，不错过自己心仪的机会。

需要注意的是，近些年（尤其是新型冠状病毒肺炎疫情以来）多数企业的申请投递时间往往没有一个具体的截止日期，要么是"尽快投递"，要么干脆不说明。这种情况下，建议同学们在投递和申请时都遵循"应投尽投，尽快投递"的原则。

以字节跳动为例：虽然整个校招投递和申请的周期可以持续2个月甚至3个月，但像产品、算法这类热门岗位，网申开启后就会有大量简历涌入，很可能不到一个月的时间就会收到足够量的简历。伴随着同步进行的笔面试，陆续就会有学生接到offer，当完成了当季的招聘任务，这些岗位相应的网申通道便会关闭，不再接收新简历了。

（6）FAQ（常见问题解答）

FAQ中通常会罗列一些求职者关心的跟招聘政策相关的问题解答，比如每个人最多可以投递几个岗位、多久可以得到回复、宣讲会当天接不接收简历等，建议大家在投递前先把这部分内容仔细看看，能少走不少弯路。

校招的岗位投递和申请一般有两种形式：一种是直接登录公司的网申系统填写并提交在线简历，一种是向公司给定的邮箱地址发送简历附件。具体采用哪种形式，招聘公告中都会有说明。通常大公司倾向于采用网申系统接收简历，因为大公司招聘量大，收到的简历相对更多，需要借助ATS系统批量处理简历，后续发放笔试、邀约面试也可以通过系统批量处理。而小公司由于招聘量和简历量都相对少，招聘预算也有限，所以用邮件投递的形式更划算。

接下来分别介绍这两种投递方式下，求职者需要注意的细节。

2.1　网站申请

2.1.1　网站申请注意事项

1. 尽快申请，不要过了截止日期

如果企业给出了明确的截止日期，那就务必在截止日期前提交申请；如果没有明确的截止日期，那就尽快提交。

2. 提前准备好各种附件资料

网申时一般会要求提交在校成绩单、英语四六级证书、照片（生活照和证件照）、实习证明、推荐信、电子版简历、应届生就业推荐表，以及通过学信网查到的学籍在线验证报告、学历认证报告等附件，这些资料尽可能在申请之前都准备好。

3. 基本信息不要填错

基本信息可以确保企业看过简历后能联系到你，包括姓名、电话、邮箱，这三个信息一定不要填错。

4. 确保填写完整度

网申中有必填项也有选填项，比如实习经历、校园经历、荣誉证书、兴趣爱好以及开放性问题等大概率都是选填项。为了提高网申的过筛率，建议大家在把必填项填写完整后，把选填项也填好。

🔍 **小提示**

坊间流传一种"网申不建议使用QQ邮箱"的说法，解释为用QQ邮箱显得不专业，其实不然。QQ邮箱用户量大，腾讯的产品体验也比较过硬，没什么问题，而且如果你申请的就是腾讯，用QQ邮箱就再合适不过了。

不推荐使用QQ邮箱主要是邮箱地址名称的问题。QQ邮箱默认的邮件地址基本上都是QQ号+"@qq.com"，QQ号是多位数字，马虎大意很容易错填或者少填。

在职场中，能让人一眼看明白的邮箱地址更方便也更合适。常见的邮箱命名规则是"英文名+姓"以及"中文名全拼"，例如cindy_Liu@163.com和xusanduo@qq.com。这样的邮箱地址能让收件人把它跟发件人对上号，网申时用这类邮箱也更不容易出错。

5. 开放性问题先润色再填写

很多外资企业会设置开放性问题，这些问题跟面试题非常像，只不过是需要你码字回答。举几个例子。

海康威视（2022秋招）

1. 大学期间最喜欢的一门课程是什么？为什么喜欢？请举例具体说明。

2. 是否有从0到1学习某种知识/技能的经历？评估目前您的掌握程度分（满分100分）？学习过程中您感到最困难的是什么？从0到1进行的这段学习经历，对您本人有何启发？

德勤（2022秋招）

1. 填写你的个人评价及优势。

2.在德勤希望达到的目标以及初步规划。（300字以内。）

中海地产（2022秋招）

1.请挑选最有成就或收获最大的5件事，各用一句话简要概括。（150字以内。）

2.请你举一个具体的例子，说明你是如何设定一个高目标的，做出哪些努力，最后结果如何。（150字以内，个人或团队事例均可。）

这类问题建议大家先别急着回答，把答案写出来反复润色，有条件的话可以找有经验的人（一些业内导师或者学长学姐）给点建议。如果是英文题目，更需要在语法、用词和句式上反复斟酌，确保提交的答案在语言上没硬伤。

6. 附件简历不要忘记添加

通常情况下，公司的网申系统还会要求提交附件简历，这个不能省，该交还是要交的。

7. 提前准备好内推人信息

有的企业（尤其是外企）会有专门的栏目让你填内推人，如果有这方面资源，提前沟通确认好。

8. 注意企业的回避机制

国企一般有亲属回避机制，所以这类企业的网申系统一般会有专门的栏目让你填"是否有亲属在这家公司任职"。

如果你刚好有亲属在这家公司工作，如实填写就好了。如果真的涉及亲属回避问题，公司也会做相应调整和安排（比如换岗位、换部门等），避免出现违规情况；但如果你知情不报，故意隐瞒，那么即便拿到了录用资格，在录用前做审查时也会被查到，仍然面临被淘汰的风险。

9. 注意查收"垃圾箱"

很多邮箱会默认把企业发给你的通知邮件认定为"垃圾邮件"放到"垃圾箱"里，而垃圾邮件是不会主动推送提醒的，所以一旦进入校招阶段，就务必养成每天打开邮箱查看"垃圾箱"的习惯。

10. 管理你的投递记录

由于整个校招季你需要申请和跟踪的企业非常多，所以建议你建一个Excel表格管理投递记录，并且动态更新每家公司的求职进展和状态，既方便你做复盘和总结，也能避免你接到公司电话却对这家公司毫无印象的尴尬。

2.1.2 常见被淘汰原因

1. 申请已过时效

建议同学们不要在网申截止的那天再去申请，很容易出现意外，最好是在整个网申中段提交申请会比较好，从近几年的情况来看，越早提交越好，避免因岗位招满关闭申请通道导致无法申请的情况发生。

2. 不符合申请资格

这点主要出现在应届生身份上，前面提到过：每个企业对应届生的界定不一样，所以申请之前务必准确了解公司的招聘政策，看清申请的资格和条件。

3. 硬件条件不符合企业要求

比如你的学校不在公司目标院校清单（target school list）里，或者英语不达标、专业不对口、学历不够等。

知识延伸

Target school list：目标院校清单，从何而来？

简单来说就是，这家企业比较偏好招收某院校毕业的同学。究其原因，还是企业从招聘成本和效率角度的考量。对于头部企业，每年校招最发愁的不是简历量不够，而是简历太多，如何筛选以及如何在最短时间内，以最低成本、最高效的方法找到匹配的候选人是招聘团队要解决的头等难题。通过目标院校清单来做一轮初筛，把不在清单里的人先排除掉，假设余下的人已经完全满足当年招聘量，那对于企业来说的确没必要再去处理被筛掉的那些海量简历了。

为什么偏好招收某院校毕业的同学？

通常有三种情况：一是企业在长期的校园招聘中发现，来自某些学校（甚至学校里某些学院、某些专业）的学生特别"好用"，既稳定，绩效表现又好，于是企业就更倾向于在这个学校多招一些人，慢慢地对这个学校的学生产生偏爱，最终使该学校成为所谓的目标院校，比如北邮计算机专业之于华为等科技类企业就是典型例子。二是企业完全出于对名校毕业生，或者某专业领域里的顶级院校毕业生的偏爱。三是公司高管或者创始人的母校，一般也会成为目标院校，典型如深圳大学之于腾讯。

如何判断你所在院校是否在目标院校清单里？

首先要明确的是，没有一家企业会公布自己的目标院校清单。判断你所在学校是否在目标院校清单里，有这么几个靠谱的做法：第一，看这家企业往年是不是在你的学校招过人。你可以去问师兄师姐、就业指

导中心的老师，看往年数据，也可以通过linkedin、脉脉这样的App去查这家公司最近1~2年入职员工的学校背景，看看他们都是哪些学校的，有没有你所在学校的。这是最靠谱也最有效的办法。第二，看企业的宣讲会行程安排。一般去宣讲的学校，肯定在目标院校清单里。第三，就业指导中心的信息发布。学校就业指导中心网站发布的信息，一般是企业直接跟院校对接的信息。如果你在本校就业指导中心网站上看到了这家公司的招聘信息，那么大概率意味着你的学校就在这家企业的目标院校清单里。所以一个清华的毕业生，跟一个普本毕业生，从自家学校就业指导中心网站上看到的招聘信息，是完全不一样的。这是企业主动选择的结果。

4. 网申信息填写不够完整

即很多选项内容很少甚至是空白，尤其是对开放性问题的回答。这种情况大概率会被过滤掉。英文申请如果语法和拼写错误太多的话也会受影响。

2.2 邮箱投递注意事项

1. 邮箱选择和邮箱设置

上一节在介绍网申注意事项时提到过，尽量使用跟自己的名字有联系的邮箱地址，既方便又不容易出错。

如果你使用QQ邮箱，可以在"邮箱设置→账号"选项中设置一个英文邮箱账号，它与原先QQ邮箱账号是并列且指向一个邮箱地址的，这个英文邮箱账号就可以按照前面说的命名方式，设置成跟自己名字更契合的名称，如下所示。

你还可以在这个页面下方的"账号昵称管理"中，将邮箱发件人所显示的名字改成自己的中文名或者英文名，这样收件人就可以在邮件列表中看到这封邮件来自谁了。

除了邮箱的名称需要注意外，还可以通过设置签名的方式给自己增加一个"曝光"的机会。邮件签名可以包括以下内容：姓名、电话、学校及专业、通信地址以及其他加分信息。其他加分信息就比如你的作品集链接、知乎专栏、个人博客、LinkedIn主页、GitHub主页等，这些信息可以让对方不打开简历就能看到你的亮点，或者即便看了简历通过签名能再次加深印象。举例如下：

张三（Nick）

188-8888-8888

（同微信）

西安交通大学｜信息管理

西安市雁塔区雁塔西路76号5栋8号楼1002寝室

GitHub地址：https://github.com/nickzhang1221bravo.index

商超结算系统demo：http://www.×××.com/×××

电商平台业务数据分析demo：http://www.×××.com/×××

2. 邮件标题

以邮箱发送简历的形式投递和申请岗位时，还需要注意邮件标题。好的标题可以让收件人（HR）在不打开邮件的情况下快速判定这封邮件的核心内容。通常情况下，企业在招聘公告中会注明邮件标题的格式要求，这时候按照对方要求做就可以了。如果对方没有说明，可以根据自己的情况巧妙提炼自己的优势和亮点，在邮件标题中有意识地突出。

比如："应聘管培生_张三_北京大学2022届"突出了学校的优势；"应聘产品设计部_张三_长安大学_土木工程"突出了学校和专业的优势；"应聘数据分析实习生_张三_四川大学_信管_随时到岗_每周出勤5天_3个月以上"突出到岗时间、出勤天数和实习时长的优势。

如果实在是毫无亮点可以提炼，那就按照最简单的格式——"应聘××_姓名_学校_××届_学历_专业"，把基本信息交代清楚即可，例如"应聘管培生_张三_宁波诺丁汉大学_2021届_本科_计算机科学"。

3. 邮件正文

邮件正文应该是一封求职信。

求职信的写法也没那么复杂，核心就是对简历内容进行提炼，突出自身与岗位的匹配性。这种匹配性可以简单地翻译成两个问题：你为什么要投递这家公司和岗位；你凭什么投递和申请这个岗位。

把这两个问题简洁明了地回答清楚，就是求职信的核心内容了。在此基础上，前后加上必要的寒暄语，再按照应用文的基本规则写个合时宜的落款就可以了。具体可以参考下面的模板。

尊敬的××公司HR您好，我是××大学2022届××专业的一名本科毕业生。通过社交平台得知贵司2022届校招开启，认真研究后对贵司管培生岗位非常感兴趣，特发来邮件附上简历一份，并向您简要介绍下我的情况。

第一段，说清楚自己是谁，从何处得知对方的招聘信息，想要申请的岗位是哪个，并引出下文。

2020年5月，我有幸通过学校职业发展社团参与到贵司在我校举办的企业开放日活动。活动期间我作为志愿者与贵司HR部门的几位前辈有过不到一周时间的短暂合作，几位前辈亲和友善的风格，工作上专业严谨的态度，尤其对学生们的耐心照顾都给我留下了深刻印象。此后的一段时间，我通过贵司官网和其他媒体渠道了解了贵司的发展历程和近期动态，也对贵司所处行业进行了全面的学习和了解，这也进一步提升了我希望加入贵公司工作的意愿。所以在得知贵司校招开启后，我第一时间发送了这封应聘邮件。

第二段，讲讲"你为什么要投递这家公司、这个岗位"，也就是你的求职动机。

在认真研究了贵司发布的所有岗位后，我认为自身很多方面与贵司的管培生岗位要求符合，具体如下。

◆ 认可企业价值观，对××行业有热情。（同时把你过往经历中能证明这一点的内容简要地提炼一下，放在此处）

◆ 扎实的××专业基本功，较高的自律性，较强的学习能力和自驱力。

◆ 团队协作意识以及在人际沟通中的主动性。

第三段，讲讲"你凭什么投递这个岗位"，也就是你与岗位之间的匹配度。不用多，从岗位JD中提炼出与你匹配度最高的2~3个点，逐条说明即可。少讲道理，多摆事实，从你过往经历中提炼有说服力的事实、数据以证明你与岗位之间是高度匹配的。

以上就是我的基本情况，希望能得到您的好消息。祝您工作愉快！

第四段，礼貌收尾，不用太啰唆。

张三，188-8888-8888，2022年6月21日

落款处没必要按照商务邮件的格式写，直接用姓名+电话+日期更实用。如果你按照我前面所讲设置了邮件签名，那这个落款可以直接省略。

好的求职信就是一个自荐的过程，HR在看邮件时往往不是一开始就打开简历附件，所以求职信比简历更容易"先入为主"，HR很容易带着你求职信中的描述去看简历，这样既能补充一些简历中读不到的东西，也能帮助HR提炼你的简历内容，突出你的优势，加深对方的印象。由于多数同学都不会耐心地给每封求职邮件写正文，所以只要你写了，HR一定会看完，完全不用担心自己的努力会白费。招聘的本质是人与人的互动，这种带温度的求职信比冰冷单调的简历能瞬间拉升好感。

4. 投递时间

网络上经常会盛传各种秘诀，分析什么时间段给HR发邮件的成功率高，什么时间段容易被淘汰。其实，HR是什么心情，你根本把握不住，所以不存在挑一个HR心情好的时候发简历的可能。HR也不可能一直守着邮箱等新邮件，小公司HR要忙绩效、忙考勤、忙员工的入离转调、忙面试，甚至还要忙行政工作；大公司HR即便有专门校招组，也要同步忙校园宣讲会，忙着跟外部供应商对接各种校招落地活动的物料制作，忙各种招聘渠道的宣发等。所以也不存在什么时间发简历HR就能马上打开并第一时间回复的可能。

所以邮件投递时间这个问题，跟网申道理一样：只要你看到招聘开启了，摸清考情，简历、笔试、面试都准备好了，能投就尽快投，别等到企业招满了再投也就没用了。只要你简历顺利发过去了，并且企业在这个岗位上还有招聘需求，同时你的条件也达到了让HR点开邮件的水平，那什么时间发邮件真的不重要。

唯一能把握的规律：公司一般在周一和周五的时候会议会比较多，再加上周六日没人愿意加班，所以周二到周四的工作日时间算是比较好的投递时间。说到工作日时间，互联网公司一般上班和下班时间都比较晚，大部分国企和外企则会早一些，所以投递时可以相应调整。

5. 别忘了附件

最后啰唆一句，别忘了附件里的简历。很多同学邮件正文的求职信洋洋洒洒写得非常不错，结果附件里没简历。有的企业会要求邮件发送简历的同时提供其他如英语四六级证书、在校成绩单等附件，也别忘了添加。这些附件没必要打包在一个压缩包里，直接一个个上传为邮件附件就可以了。

如果你真的忘了，看看能不能撤回邮件（很多邮箱有这个功能），如果不能，就大大方方地重发一封邮件补上附件。也不要有什么心理负担，HR一般也不会抓着你的小马虎小题大做的。

拓展：海投、宣讲会和内部推荐

1. 应届生校招要不要海投

先给结论：**要有策略地定向海投**。

定向，就是要有清晰的求职目标。所谓"清晰的求职目标"应该是行业+岗位+企业+地点，也就是你清楚地知道要去什么行业，要投这个行业里哪些公司，要申请这些公司里的哪些岗位，以及这些岗位的工作地点是否跟你的意愿相匹配。

有策略，就是要有精准匹配到不同方向的不同版本的简历。有了前面所说的"清晰的求职目标"，就要基于不同的行业和岗位对简历做调整，准备多个版本的简历，一个版本对应一个求职方向，而不是一个版本的简历投所有，这种海投是没意义的。

求职季的焦虑在所难免，很多同学为了消解这种焦虑情绪，喜欢打开各种招聘软件批量海投，或者坐在图书馆一整天不停地做网申。这样做的确会让自己进入一种"我在求职中"的状态，可以很好地排解焦虑情绪，但如果没有策略、没有方向地乱投递，简历也不做差异化调整，这种海投虽然排解了今天的焦虑，但是明天后天当你收不到回复的时候会更焦虑，开始怀疑自己是不是不优秀？是不是这个校招季找不到工作了？是不是毕业就要失业了？求职既是技术技巧上的磨炼，也是心理上的一次磨炼，有策略和没策略对于整个过程以及最终结果的影响非常大，千万不要用战术上的勤奋掩盖战略上的懒惰。

另外需要提醒各位同学的是，一旦你确定了行业和岗位目标，在选择投递哪些企业时要尽量多一些、广一些，不要过分关注公司的名气和规模。

比如求职互联网的同学，大家都盯着BAT（百度、阿里、腾讯）和TMD（字节跳动、美团、滴滴）这些头部大企业，虽然可以理解，但这个策略不够聪明。每个应届生都是初次求职者，即便你把我这本书里的各种技巧和心得都研究理解得很透彻，但到了实战环节还是会有欠缺的，你需要在一次次申请、一次次笔试、一轮轮面试中不断历练，才能从一个"小白"变成"面霸"甚至是"offer收割机"。书也好，课也罢，理论知识只能让你少走弯路，不能让你直达结果。所以即便你各方面条件都符合大企业要求，在缺少笔试和面试经验的情况下，你怎么能确保当自己拿到心仪公司的笔面试时就100%通过，顺利拿到offer？难道最聪明的做法不应该是先利用一些你没那么心仪的公司"练练手"，等拿到了心仪公司的机会时确保万无一失吗？求职本来就是一个双向选择的过程，同学们应该好好利用这个双向选择的机制为自己制造优势。

2. 企业组织的各种线上和线下宣讲会要不要参加

还是先给结论：**能参加尽量参加。**

站在同学们的角度看，参加宣讲会直观的好处有以下几个。

① 可能有Pass卡。无论线上还是线下宣讲会，企业都有可能拿几个直通笔试或者面试的"Pass卡"作为奖品，一方面吸引学生参加宣讲会，一方面也是让优秀的或者是特别希望进入这家公司的学生在宣讲会里"冒个泡"，给他们一些"优待"。所以为了"Pass卡"，宣讲会不仅要参加，而且要积极参与。

② 现场可能会接收简历。当然现在多数企业采取的都是网申系统收取简历，所以越来越多企业宣讲会现场都明确不收简历，即便收也会告诉你网申必须做，否则等于没申请。不过，有些企业还是会沿用宣讲会现场收简历的形式。而且无论收与不收，这都是一个让你的简历直达关键决策人手中的机会，不应该错过。

③ 可能有现场笔面试的环节。个别企业会在宣讲会之后安排笔试甚至面试，比如上午宣讲，下午安排笔面试，这种宣讲会就更不应该错过了。

除了这些显而易见的好处外，还有3个好处也值得大家去参加宣讲会。

① 跟HR"套瓷"。递上一份简历，简单介绍下自己，提炼自己身上的亮点，不要太多，1到2个足矣，快速让HR对你产生深刻印象，这对你后面进入面试会有帮助。很可能你初面的面试官就是这位对你印象深刻的HR，这会让你在面试中快速地松弛下来，消除紧张情绪。

② 认识其他同学。对于有群面环节的企业来说，同学们在参加面试前务必要做好群面的模拟练习。但群面模拟最麻烦的就是凑够人数，人少了根本达不到练习效果。宣讲会现场如果能结识一些同样应聘这家公司的同学，组局做群面模拟就容易多了。而且彼此之间也可以互通有无，分享申请和笔面试过程中的信息。不要担心彼此是竞争关系，据我观察，处于求职状态中的同学真的是又善良又可爱，如果自己没拿到offer，不仅不会嫉妒别人，反而会分享自己

的经验给其他人，真诚地帮助其他人努力拿到offer，这点真是太赞了！

③ 深度了解企业，为面试积累素材。参加宣讲会，比你从网上去搜这家企业能得到的信息要多得多，也会让你对这家企业的理解更深更立体。一方面可以审慎地评估下这家公司到底适不适合你，另一方面也可以为后面的面试积累素材，避免日后面试官问你"了解我们公司吗"时什么也答不上来的尴尬。

3. 所谓"内推"有用吗

内部推荐一般简称内推。谈内推，首先要明白内推的目的和原理。

内推这种求职形式无论对企业还是求职者来说其实是双赢的。对求职者来说，内推极大地提升了求职效率，降低了求职成本，还能大幅提升offer成功率，这些优点都是显而易见的。但实际上，内推对企业而言收益更大：一方面，企业不必把钱花在发招聘广告、买简历服务上，这就大大降低了招聘成本；另一方面，由于内推人本身就是公司内部员工，身份和角色定位使员工在推荐候选人之前一定是做过基本的筛选和评估的。如果被推荐的候选人特别不靠谱，员工也不愿意给公司推荐，毕竟推荐的人在面试甚至入职后表现很差、很不靠谱的话，作为推荐人的员工也会觉得很不好意思。

校园招聘中的内推，一开始还是外企用得比较多，近些年不管哪种类型的公司都开始采用内推，互联网公司尤甚。

4. 大家都内推，内推还有什么意义

牛客网、各种社群，想找到内推码并不算难，然而通过内推方式仍然连笔试都免不了，有什么用呢？为了过筛？可是大家都过了还是没有用啊。

目前我观察到的各种花样繁多的所谓内推，从求职者的实际收益出发，大致可以归纳成以下几种。

① 优先×××：比如"优先筛选""优先笔试""优先安排面试""优先

发放offer"等，这种所谓"优先"的好处，其实就是提前几天处理罢了，比如简历量多就先查看这些内推来的简历。该不过还是不过，被淘汰还是被淘汰，意义不大。

② 免死金牌：常出现在互联网公司提前批的内推中。意思是如果你在提前批招聘中的任何一个环节被淘汰，还有重来一次的机会。但是注意，这个"重来一次的机会"是指提前批结束后的正常批招聘，但实际上，大部分公司的校招提前批跟正常批都不发生联系，两者互不影响，即便不通过内推拿到这个"免死金牌"，公司的招聘政策也允许在提前批被淘汰之后再次参加正常批的招聘。

③ 笔试直通车：免简历筛选，铁定发笔试。这个看起来很有用，毕竟简历筛选的淘汰率也挺高的。不过要注意：很多公司在校招中采取的是"海笔"的策略，也就是只要简历不是胡乱瞎填、太过离谱的，申请了就一定会拿到笔试，这类公司通常会把学生的简历跟笔试成绩结合起来做筛选。

当然，的确有相当一部分的公司会先做简历筛选，再发放笔试。对于采取这种招聘流程安排的公司来说，如果你的背景不是很突出，简历竞争力不是很强的话，那笔试直通车的内推价值还是挺高的。

④ 面试直通卡：免笔试，直接进面试。这种内推只有两个字——"真香"。有这种内推机会的企业很少，即便有也是极少名额，可遇不可求。

⑤ 直通终面：免笔试和前面的几轮面试，直通终面。这种内推机会一般是公司提供给实习生的优待，外企比较多见。比如你已经在这家公司实习了一段时间，有意愿转正，也符合转正的条件。但是按照公司流程，还是要按照整个校招的招聘程序进行，这时候公司会给这些表现优秀的实习生一个直通终面的机会。

综上，前三种（尤其前两种）内推对于求职者最终是否能拿到offer几乎没什么影响，花精力去寻找这种内推机会，性价比很低。而且很多企业的内推机会获取方式实在太复杂，甚至逐渐偏离了内推的本意，不是把实惠给求职者，而是一门心思想着如何让求职者自发地传播招聘信息，成了彻头彻尾的广告和宣传手段。

目前国内校招中各家公司普遍会使用下面6种方式让学生获取内推机会。

① 内推码：通过各种渠道拿到一个内推码，网申的时候会有填写的栏目，填进去就行了。

一般发布内推码的渠道包括公司校招的官方微信公众号、微信群、微博、短视频平台，以及类似实习僧、牛客网这样的招聘平台和论坛。拿内推码的门槛也不太一样，有的直接挂在网上供大家用，跟你在网上找个免费的软件激活码类似；有的则复杂一些，比如参加一些官方的活动、转发微信微博上的招聘广告、连续几天打卡、回复微博话题、拍个短视频之类的，总之玩法五花八门。只需记住一点：大家都用内推码内推，就等于大家都没内推。那这种模式的内推，对于同学们来说收益往往就是前面提到的第一和第二类，基本没什么用。

对于企业来说，内推码其实也是一种检验招聘渠道有效性和ROI（投资回报率）的工具。大企业校招往往要通过多个渠道发布信息、获取简历，确保简历量能达到招聘计划的预期。但是不同渠道的效果差别是很大的，有的渠道花了钱，进来的简历很少；有的花钱不多，但简历量很大；有的简历量大但质量很差，有效简历很少，大部分是被刷掉的；有的虽然量小但个个是高质量简历，几乎都能约面。对于每年都要做校招的企业来说，监控和评估每个渠道的效果，以及计算广告投放的ROI，并在第二年校招时做相应调整和优化，就显得很重要。而通过对不同渠道发放不同的内推码的方式，企业就能很轻松地达到这种监控目的。

② 员工工号：跟内推码同理，网申之前拿到员工工号，网申的时候有专门的栏目让你填内推人的员工工号或者员工姓名。

这种内推形式有两种情况：一种是一个员工工号可以无限次使用，一种是只能有限次使用。前者跟内推码是一个道理，几乎没用，后者可能还稍微好一点。

获取员工工号的方式也有很多，有的跟前面获取内推码的方式差不多，有的则是靠私人关系（如朋友、亲戚、学长学姐等）拿到的，你也可以通过职场社交平台主动联系公司内部的员工争取到他的工号。

不过，这种内推形式更多是企业用来识别哪些候选人是哪个员工推荐的，持续跟踪候选人是否被录用、是否顺利转正，然后根据公司的政策给这个员工相应奖励，对被推荐人来说帮助也没有很大。

③ 内推专用申请入口：这种形式是指企业为那些有被内推资格的学生提供一个专用的申请入口，这个申请入口一般是不对所有人开放的，而是通过邮件的方式直接发给每个获得内推资格的学生。这样学生的申请通道跟非内推学生完全不一样，在简历的处理和招聘流程的安排上予以一定的差异化对待，具体能差异化到什么程度，就要看公司的招聘政策了，可能很给力，也可能没什么大用。

这种内推更像是一种定向招聘，企业为特定渠道来源的学生群体提供专属申请入口，并对这些简历重点关注。这些特定渠道可以是以往给公司提供了较多优质学生的学校、学院、专业，也可以是过往为公司提供了大量人才的培训机构。

④ 员工通过公司内部系统推荐：信息系统成熟的公司往往会有专用的校招内推系统。学生把自己的简历和各种信息提供给公司内部员工，员工直接在内网登录系统，按照要求上传被推荐学生的简历，填写推荐理由，提交后完成内推。HR部门会在内部ATS系统中看到这些内推的简历，做一些差异化的处理。同样地，具体能差异化到什么程度，还是看公司的招聘政策了，可能很给力，也可能没什么大用。

这种形式的内推机会主要是靠私人关系获取。有的企业会组织专门的内推群，里面有员工有学生，学生在里面自己去找自己的内推人。

⑤ 学生正常申请后员工内部推荐：这种内推的流程是学生按照校招公告的要求正常申请投递，然后把申请的编号（系统自动生成）或者学生的名字告诉给公司内部员工。员工通过系统或者口头的方式告诉HR部门，完成整个内推流程。

这种形式内推机会的获取方式跟获取员工工号的方式差别不大。

⑥ 员工直接把简历交给关键决策人：这才是真正意义上的内推，跟社招内推的形式几乎没有差别。从效果来看也是最给力的，尤其是小公司校招，在流程没那么严谨的情况下很可能直接安排面试，通过就发offer了。不过大公司的话，该走的流程还是要走。但这种形式的内推可以确保你的简历直达关键决策人的手里，这一点对于你是否能拿到后续面试机会的影响非常大。

想要拿到这种机会的内推，一般都是有内部员工关系。如果你没有但又非常想拿到这样的机会，就要你从零开始拓展自己的人脉。这是一种通过主动搭建人脉网络获取职业机会的求职策略。这种求职策略在国外非常常见，但国内的学生相对都比较内敛羞涩，所以能做到的比较少。

虽然内推形式并不完全代表着内推的作用和价值，但诸如前面所说的内推码和员工工号的内推形式，对于最终是否能拿到offer基本上不会有什么实际加持作用，道理也很简单，人人都能获取的内推机会，就等于没内推。所以像这种"阳光普照"性质的内推，同学们在校招期间不必过于在意。

第 **3** 章

笔试

3.1 笔试常识

完成了申请和投递，如果你的简历顺利过筛，就会拿到企业的笔试邀约。前面我介绍过：有的企业是先筛简历再发笔试，有的则是"海笔"，结合笔试成绩和简历再做筛选。但无论是前者还是后者，笔试都是一个确定性的淘汰和筛选环节，而且淘汰率非常高。大型公司的笔试淘汰率基本都在70%甚至80%以上。

校招笔试的叫法很多，比如网申测评、在线人才测评、OT（online test）、综合素质测评、岗位胜任力测评、职业性格测评等。

3.1.1 笔试的目的

跟简历初筛同理，笔试的目的不是选出合适的人，而是淘汰掉不合适的人。假设一家公司校招季要招聘2000人，按照行业内的一般水平界定，每个名额面试10～20个候选人已经足够了，也就是会有20000～40000人进入面试环节。而大公司校招季的简历量通常都是十万甚至几十万的量级，这时候就需要通过简历初筛和笔试快速淘汰一批不合适的人选。

3.1.2 笔试的内容

从目前主流的校招笔试安排来看，笔试内容主要分成以下两类。

一是认知能力测试，由于它的题型跟公务员笔试中的行政能力测试题非常相似甚至相同，所以同学们经常称之为"行测"。认知能力测试，顾名思义，就是评估一个人的认知能力水平。所谓认知能力，是指人的大脑对外部信息的获取、储存、加工处理与提取应用的能力，它被认为是人类完成一切活动的底层心理条件，我们所熟知的记忆、知觉、思维、想象、判断、推理、归纳、分析等都属于认知能力范畴。校招中的认知能力测试可以测试候选人的学习能力以及完成工作任务的能力，帮助公司快速筛选出条件更优秀的候选人。

二是专业能力测试，或者叫岗位能力测试，通俗地讲就是专业题。这类题可以直接测试候选人是否具备胜任岗位工作的相关专业知识和技能。比如金融机构会考金融、财会、法律相关知识，软件开发工程师会考编程和计算机应用方面的知识，电力系统招聘会考查与电力相关的专业知识，等等。

这里我解释下：性格测试不能算在笔试范畴里，有关内容我会放在拓展部分介绍。

3.1.3 笔试的形式

目前多数企业的主流做法是通过线上考试系统进行笔试，个别企业也会保留传统的线下纸笔考的形式。

线下纸笔考几乎都是统一的集中考试，所有候选人在规定时间抵达考场参加笔试；线上笔试除了统一考试外，还可能是随个人进度分散笔试，比如申请完成后就拿到笔试，一般会要求在一定时间内完成（比如72小时内、一周内）。

线上笔试过程中的计时方法也不太一样。有的公司是整体计时，比如一张卷子100道题需要在2小时内完成；有的公司会把100道题切分成4个部分，每个部分半个小时内完成，分段计时；还有的公司会给每道题设置完成时限，页面切换到这道题时会有一个倒计时器，时间一到不管你答没答完都会自动切换到下一题。

由于线上笔试更"便于"作弊，所以在线考试系统也设计了很多防作弊功能，比如随机组卷、防切屏、摄像头监控、身份验证等。

另外，很多企业还会通过招聘流程的设计来降低候选人笔试作弊的概率。比如四大会计师事务所的每一家都会在面试过程中增加"笔试重测"的环节让一部分候选人现场重做一次笔试；腾讯每年都会复查校招生的笔试记录，发现有作弊者即便入职了也会开除。总之，考试作弊问题关乎诚信，越是大公司越是零容忍，这一点同学们一定谨记。

3.1.4　笔试的评分

笔试评分一般采取的是分数排名的机制，即按照分数（或正确率）的高低进行排序，择优邀约面试，末位淘汰。有些公司会先划定笔试成绩的基准线，低于这个基准线的淘汰，在基准线之上的再做排序和后续的面试邀约。如果进面试的人特别多，那么通常会按照笔试成绩划分成几个档位，由高到低排序确定面试的批次和顺序，这样如果前面批次里有学生不来参加面试，那就可以顺位约后面几个档位的学生来面试。

笔试中的客观题都是系统直接判卷打分，主观题则需要公司抽调相关部门的员工阅卷。人工阅卷的主观性就比较强了，要看阅卷人的标准是严格还是宽松。

前面介绍的是关于校招笔试的一些常识，接下来我会进一步展开介绍校招笔试中的各类题型，方便同学们在笔试前做针对性的准备。

3.2　认知能力测试

3.2.1　笔试与题库供应商

同学们在校招中参加的各个公司的笔试，其中认知能力测试部分并不是由公司出题，而是公司采购了第三方测评公司的解决方案。所以表面上你做的是某某公司的笔试，实际上做的是某个测评公司设计的笔试。

第三方测评公司提供一整套的在线测评解决方案，包括在线考试系统、测评工具和题库、报告解读与分析等。这些公司的核心团队一般是由心理学硕士和博士组成，专注于开发各种测评工具和题目，并由IT工程师们开发部署成为模块化产品，供那些有需求的公司采购，应用于校招和社招的人才测评环节。

国内外这类第三方测评公司（简称题库供应商）非常多，国际上比较知名的外资题库有SHL、CEB、Cut-e、ACE等，国内如北森、智联、前程无忧也都有自己的测评产品。

▶ 扫码查看 ◀

扫码点击"【书内拓展内容】"可查看知名题库及其供应商、典型采购方等。

企业采购校招笔试服务时通常是按账号数付费，发多少笔试就是多少个账号。账号价格方面，内资题库相对便宜，平均每个账号在几块到几十块不等；但外资题库就很贵，平均在100～200元。所以企业在选择校招笔试题库供应商时主要考虑的还是性价比，要兼顾效果和花费之间的平衡。尤其很多公司采取的是海笔的策略，发放笔试量极大，相应的开销也很大。

明白了企业校招笔试跟题库供应商之间的关系，就不难发现：校招季准备笔试的关键在于有针对性地练习各题库供应商的题库，而不是刷某某公司的真题。尤其是像SHL、北森、智鼎这些大量公司采购的高频题库，如果你能做有针对性的准备，就等于是一次性地准备了很多家公司的笔试，这要比每家公司分别准备的效率高得多。不过需要注意的是，公司可能每年都会更换题库供应商，哪怕这家公司已经连续使用一家供应商的题库很多年，也可能在下一年突然换题库。

内资题库和外资题库在命题思路上会有差别，所以具体到题目类型上也不太一样，接下来分别介绍两种题库的常见题型。

3.2.2 内资题库

内资题库常见题型包括以下7类。

1. 文字理解与运用

这类题目主要是考察基本语文素养，题目形式和难度与中学语文考试差不多，考察最基本的书面语法和语感。比较常见的出题点包括以下几个。

（1）近义词和反义词

福特汽车-2021春招-市场岗-智鼎题库

【单选题】电灯对于（　　）相当于电影对于（　　）。

A. 蜡烛；荧幕　　　　　　　B. 照明；放映

C. 功率；影院　　　　　　　D. 电器；艺术

（2）词语逻辑判断（主要从词性、褒贬义、词的类别和范畴等方面判断）

玛氏-2019校招-智鼎题库

【单选题】音符，乐谱，五线谱。下列逻辑选项关系最为直接的是（　　）。

A. 笔画；汉字；经文　　　　B. 树木；森林；自然

C. 稻穗；稻谷；香米　　　　D. 卫星；星云；宇宙

（3）选词填空

贝壳-2021春招-产品运营-北森题库

【单选题】你一开始就朝着错误的方向努力，到最后也不过是_____，不可能成功的。

最适合填入空格处的词语是（　　）。

A. 功亏一篑　　　　　　B. 海市蜃楼

C. 蒸沙成饭　　　　　　D. 白日做梦

（4）词语替换

阿里巴巴-2021春招-产品运营岗-北森题库

【单选题】细菌无处不在，即使是我们认为洗得很"干净"的手上也充满了细菌。虽然多数细菌是无害的，也改变不了有害细菌让我们寝食难安的事实。到目前为止，高温加热仍然是杀死细菌的最有效手段。通常的食品加工，只是把细菌的量减少到一定浓度，不会对人体产生危害即可。如果是超高温灭菌，把牛奶加热到135摄氏度以上，1秒钟就可以杀死几乎全部的细菌，这样处理过的牛奶即使是放在常温下，也能保证几个月不出问题。当然，这仅限于密封保存的情况。对个人而言，注意食品安全、建立良好的卫生习惯也是预防细菌危害的手段。厨房、冰箱经常清洁并保持厨房通风干燥，有助于减少细菌。家里的食物，尽量减少存货。下面能代替文中的"寝食难安"且保持意义不变的是（　　　）。

A. 忧心忡忡　　　　　　B. 六神无主

C. 诚惶诚恐　　　　　　D. 芒刺在背

（5）句子排序组合

万科-2020校招-EPI题库

【单选题】将以下6个句子重新排列组合：

① 而大量新建筑不是增强而是削弱了城市的文化身份和特征，使城市景观变得生硬、浅薄和单调。

② 它表现出每个城市过去的丰富历程，也体现城市未来的追求和发展

方向。

③ 城市形象是城市物质水平、文化品质和市民素质的综合体现。

④ 但是，一些城市已经很难找到层次清晰、结构完整、布局主动、充满人性的城市文化形象。

⑤ 美好的城市形象不仅可以实现人们对城市特色景观的追求和丰富形象的体验，而且可以唤起市民的归属感、荣誉感和责任感。

⑥ 不少中小城市盲目模仿大城市，把高层、超高层建筑当作城市现代化的标志，建筑体量追求高容积率而破坏了原有的城市尺度和轮廓线，寄希望于城市在短时间内能拥有更多"新、奇、怪"的建筑，以迅速改变城市形象。排列组合最连贯的是（   ）。

A. ③②⑤④⑥①　　　　　B. ⑤④③②⑥①

C. ⑤②③④⑥①　　　　　D. ⑥①⑤②③④

（6）语病判断

中国移动-2019校招-EPI题库

【单选题】下列各句中没有语病的一项是（   ）。

A. 我看过他写的一些东西和画。

B. 这秋蝉的嘶叫，在北平可和蟋蟀耗子一样，简直像是家家户户都养在家里的家虫。

C. 在经历了几千年的封建统治后，人们又开始重视被禁锢的古典文化，并成为人文主义者的武器，用来反对神权。

D. 国外有种说法，"人的一生中有两件事逃不过去，即纳税和死亡"。可见纳税是与生活密切相关的。

2. 阅读理解

与中学时的阅读理解题差不多，考察的也是对文字信息的提炼、加工、分析、推理以及判断能力，简单地说就是你对一段文字的逻辑判断能力。常见的出题点包括以下几个。

（1）概括段落主要内容

阿里巴巴-2021春招-产品运营岗-北森题库

【单选题】扩声系统的基本作用是通过建筑声学和电声学的手段使听众或技术、艺术人员获得所需要的声音信息。所有的扩声系统按照工作环境可分为室外系统和室内系统。室外扩声的特点是反射声音小，有回声干扰，扩声区域大，声学条件复杂，噪声干扰强，音质受气候条件影响比较严重。室内扩声的特点是对音质要求高，有混声干扰，扩声质量受房间的声学缺陷影响较大。而按照声源性质，扩声系统又可分为语言扩声系统、音乐扩声系统、信息发布系统、语言同声传译系统、转播系统和已录声音的重放系统等，其中后两种系统的扬声器和话筒并不处于同一声场环境中。下列哪一项能够概括材料的主要内容？（　　　　）

A. 扩声系统的含义　　　　　B. 扩声系统的工作机制

C. 扩声系统的类别　　　　　D. 扩声系统的特点

（2）判断给定的对段落内容的理解是否正确

快手-2021春招-运营-北森题库

【单选题】有研究发现当我们在乎的人处于困境，我们也会投入到他的情绪中，这时如果给对方提供食物，不仅可以表达支持，也会使提供者与接受者都获得情绪上的正向影响，并使双方感到更加亲近。食物能够有效调节内在情绪的原因在于其兼具生理与心理的特性：食物不仅可以让我们饱腹，也可以用来表达庆祝、告别、安慰。提供食物是无论关系深浅都适宜的表达方式，且行为背后具有建立关系、传递关心、表达支持等更深层的内涵。下面对本文内容理解正确的是（　　）。

A. 为需要帮助的人提供食物能够让我们对对方的处境感同身受

B. 食物具有生理和心理双重特性，因此是能为朋友提供的最好支持

C. 当我们的关心难以说出口时，食物能帮助我们表达支持和关爱

D. 和陌生人一起吃东西可以表达自己的善意，减少对方的不信任感

（3）判断一段文字中某个词语的意思

融创-2021春招-市场营销-北森题库

【单选题】对于许多明星们的各种新闻，有的是无中生有，有的则是无风不起浪。"无风不起浪"的意思是（　　）。

A. 无缘由的事

B. 事情不是完全没有缘由的

C. 好像洞穴中的一股风，它是朝着某个方向吹去的

D. 好像洞穴中的风一样飘忽不定，一会儿这样一会儿那样

（4）逻辑推理

顺丰-2021校招-仓库物流管理岗-EAS题库

【单选题】因偷盗、抢劫或流氓罪入狱的刑满释放人员的重新犯罪率，要远远高于因索贿、受贿等职务犯罪入狱的刑满释放人员。这说明，在狱中对上述前一类罪犯教育改造的效果，远不如对后一类罪犯。以下哪项如果为真，最能削弱上述论证？（　　）

A. 与其他类型的罪犯相比，职务犯罪者往往有较高的文化水平

B. 对贪污、受贿的刑事打击，并没能有效地扼制腐败，有些地方的腐败反而愈演愈烈

C. 刑满释放人员很难再得到官职

D. 职务犯罪的罪犯在整个服刑犯中只占很小的比例

3. 图形推理

这可能是同学们最熟悉的一类题型，通过让你寻找图形中的规律考察抽象思维和逻辑推理能力。图形推理的命题机制其实就是在图形中加入各种逻辑判断条件，比如图形或图形中某个元素的旋转（顺时针、逆时针），多个图形之间的相交、合并，图形数量的增减，阴影区域的变化，图形之间的类比和对比（找差异点、找相同点），点线面之间的关系（平行、相交）等。

玛氏-2019校招-智鼎题库

【单选题】从所给的四个选项中，选择最合适的一个填入问号处，使之呈现一定的规律性。（   ）

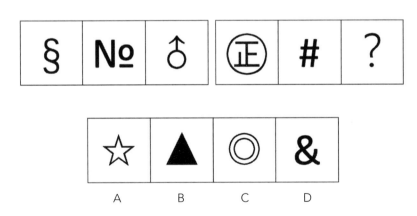

雀巢-2020校招-菁客题库

【单选题】问号处图形应该是（   ）。

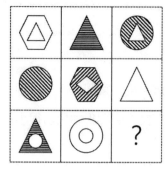

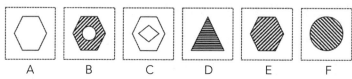

这类问题的出题规律非常多，这里就不——列举了。

4. 数字推理

跟图形推理的命题机制相似，将逻辑判断条件融入数字中，通过让你寻找数字间的规律，考察抽象思维以及逻辑推理能力。常见的规律包括等差数列、等比数列、奇数偶数、对数倒数，以及更复杂的混合运算规律，甚至是跟图形元素相融合的更复杂的逻辑。

美团-2020校招-EPI题库

【单选题】根据下列数字，应填入横线中的数字是（　　）。

61，70，84，103，_____

A. 108 　　　　　　　　B. 153

C. 267 　　　　　　　　D. 127

一汽大众-2019校招-EPI题库

【单选题】问号处的数字应该是（　　）。

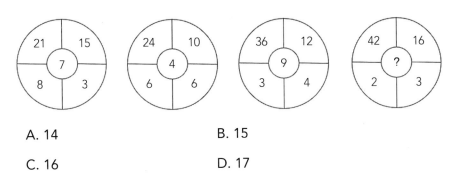

A. 14   B. 15

C. 16   D. 17

5. 资料分析与图表计算

这类题目通常是给你一段文字描述（通常会搭配图表），其中包含一些数据，需要你先理解文字信息和图表的逻辑关系，然后根据题目要求做相应运算。题目一方面考察了你对图表和文字信息的理解能力，同时也考察了计算能力。计算难度上也都是初高中水平，使用的也都是常用的数学公式，比如求绝对值（如总和）、求相对值（如增长率）、求和、求差、求平均、求方差、求中位数、求最值等。

小米-2021春招-产品经理-北森题库

【单选题】根据2019年10月～2020年4月福建省洗涤剂产量及增长情况回答下列问题。

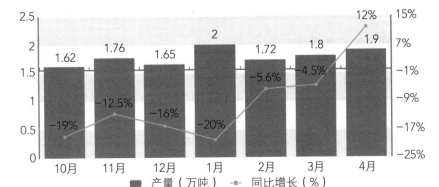

2019年10月～2020年4月福建省洗涤剂产量及增长情况

2018年11月～2019年2月福建省洗涤剂月产量从高到低排序正确的是（　　）。

A. 1月＞12月＞11月＞2月　　　B. 11月＞1月＞12月＞2月

C. 2月＞11月＞12月＞1月　　　D. 1月＞11月＞12月＞2月

6. 数学运算

数学运算与中学数学题类似，个别公司和岗位的题目会更复杂，难度接近奥数。常见的考点包括集合问题、排列组合问题、速度问题、时间问题、行程问题、工程效率问题、浓度问题、利润问题、概率问题、容斥问题、最值问题、平面几何、立体几何等。这类题目同学们在初高中每天都会接触，受限于本书篇幅，这里就不一一举例了。

7. 常识判断

除了前面6类题型外，个别公司（比如国企）可能还会考一些在公务员与事业单位考试中更常见的常识判断类问题。这类问题包含的内容非常广，地理、人文、法律、体育、民生、经济、政治等方面都会涉及，考察的就是学生知识面的广度以及对基本常识的认知水平。

3.2.3 外资题库

外资题库近几年变化比较大，出现很多新题型，所以这里我把外资题库里的题型分成传统和新兴两大类。

1. 传统题型

传统题型包括Numerical、Verbal、Logical三类，也就是大家俗称的"NVL"。

（1）Numerical Reasoning Test，即数字推理测试

这类题型跟前面讲的内资题库中的"资料分析与图表计算"类问题大体上是一样的。如：

德勤-2017校招-GraduACE题库

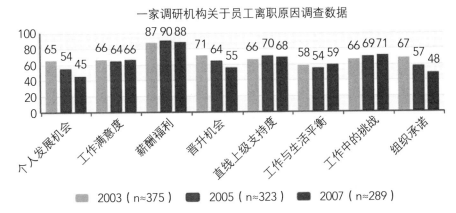

一家调研机构关于员工离职原因调查数据

【单选题】在2003年，认为工作中挑战是离职关键因素的员工人数与认为组织承诺是离职关键因素的人数之比是多少？（　　　）

A. 89%　　　　　　　　　　　　　B. 91%

C. 93%　　　　　　　　　　　　　D. 95%

E. 97%　　　　　　　　　　　　　F. 99%

（2）Verbal Reasoning Test，即言语推理测试

这类题型跟前面讲的内资题库中的"阅读理解"类问题比较接近，题目通常会给一段描述，并在最后给出一个结论，然后问你是否可以通过这段描述来判断这个结论是"对的（True）"还是"错的（False）"或"无法回答（Can not say）"。如：

巴克莱银行-SHL题库

【单选题】很多经理认为雇员请假的真实原因与他们提出的理由有明显差别。现在许多机构面临结构过于精简的困难。由于员工人数已减至最低水平，因此即使当最低限度的雇员请假亦会对其余的雇员造成无法忍受的压力，由此可能导致因压力而请假或造成整个机构的其他问题。

经理与员工在请假的原因方面有不同看法。（　　　）

A. 对的　　　　　　　　B. 错的　　　　　　　　C. 无法回答

（3）Logical Reasoning Test，即逻辑推理测试

这类题型跟前面讲的内资题库中的"图形推理"类问题一样，有些题库也会把数字推理放在这里。如：

普华永道-CEB题库

【单选题】从选项中选择一张图片，使之形成一定规律。（　　　）

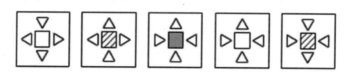

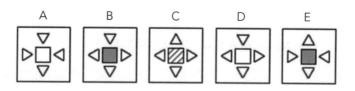

另外，有些公司还会增加书面英语测试（written English），难度与托业考试和CET-4相当，考点主要包括完形填空、语法找错、阅读理解等。这里就不一一举例了。

2. 新兴题型

新兴题型主要是指近些年被广泛使用的各种游戏化测评（GBA，Game Based Assessment），目前外资题库在国内招聘企业中使用较多的主要是Arctic Shores、Pymetrics和G.A.T.E.。

（1）Arctic Shores和Pymetrics

这两家公司提供的测评产品非常相似，都是通过10～12个小游戏来测试学生的认知能力，这些游戏据称是基于AI技术设计的。近几年包括四大会计师事务所、联合利华、特斯拉、西门子等在内的众多知名外企都在校招环节采用了这种新型的游戏化认知能力测评工具。举几个常见的例子。

① 定价博弈。

② 判断奇偶数。

③ 判断箭头方向。

④ 电力恢复。

⑤ 传单封装。

⑥ 气球充气。

⑦ 表情判断。

⑧ 电工与工程师。

⑨ 密码解锁。

⑩ 数字推理。

　　受限于本书篇幅，这里不对每个游戏的玩法做一一讲解。事实上即使讲解也用处有限，因为你在正式接到游戏化测评之前也不可能有机会提前练习，此类

软件必须等你进入测评阶段，公司给你提供账号才能登录，个人用户是没办法注册体验的。这些游戏除了最后的数字推理更接近传统考题式的认知能力测评外，其他游戏都会涉及反应速度、瞬时记忆、瞬时决策、博弈策略、抽象思维等能力。

Arctic Shores和Pymetrics在整个测评过程中会提供2次休息的机会，你可以选择暂停休息一会儿再继续后面的游戏。完成全部游戏的时间大约50分钟，完成后你会得到一个分数，系统也会基于分数以及你在每个游戏中的表现输出一份相应的测评报告。很多公司也会把这份报告向学生开放，帮助学生进一步了解自己。受限于纸质书无法展现游戏中的交互体验，大家可以在网络上搜索"题库名称"或"公司+年度+笔试"的关键词，能找到不少Arctic Shores和Pymetrics的做题实录视频，更直观地体验这种测评的难度。

（2）G.A.T.E.

G.A.T.E. 是由知名人力咨询公司Aon Hewitt（怡安翰威特）推出的一款游戏化测评工具。这款测评包含了digit Challenge、switch Challenge和grid Challenge三个部分。

① digit Challenge是基于图形化的数字运算，跟小时候玩的数学填字游戏很像，主要考察数字运算和逻辑推理能力，是三类题型中最简单的。

② switch Challenge将数字推理和图形推理结合在一起，主要考察抽象思维和逻辑推理能力。

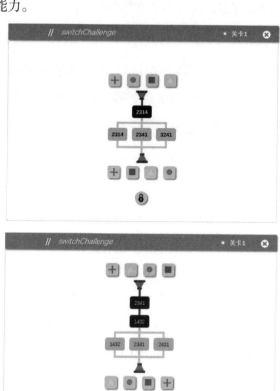

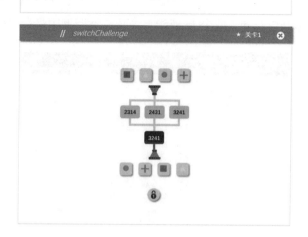

③ grid Challenge是三类题中最为复杂的，它的每一关都包含两类任务。

任务一是系统给你一堆随机分散的空白圆点，系统会随机点选一个空白圆点，你需要记住它点选的是哪一个，这个过程只有几秒，然后画面切换到任务二。

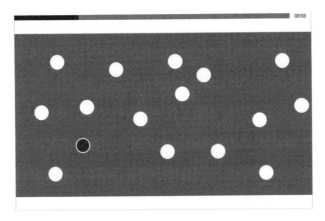

任务二会给你左右两个图形，并指出两幅图的关系（比如相同、镜像、上下颠倒、左右颠倒、互补等），然后让你判断这个关系对不对，这个过程也是只有几秒。

然后页面又切回到任务一，系统又点选了一个圆点，你还是需要在几秒钟内记住它点选了哪一个，之后页面再次切换回任务二，给你一副新图形并判断

关系对不对。

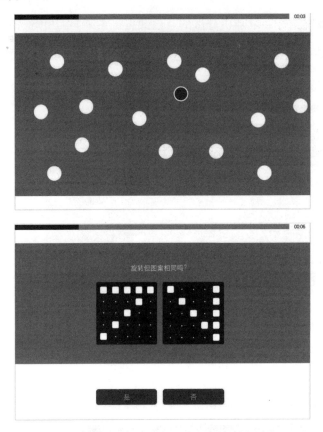

最后，让你在空白的散点上把系统点选过的圆点都还原出来，并且你点选的位置和顺序都不能错，如此循环下去。开始的关卡会比较简单，只有2个圆点的位置和顺序需要你记，但越到后面圆点的数量越多，最多可以达到5个（也就是前面提到的任务一和任务二的循环进行5次）。

grid Challenge测评不是简单的逻辑推理能力测试，它非常考验学生的瞬时记忆能力以及对空间位置的敏感度，是目前各种游戏化测评中难度最高的一类题型。而且不同于传统考题式的认知能力测试，游戏化测评具有极强的交互性，你无法提前通过"刷题"做准备，所以游戏化测评目前是最能反映出学生

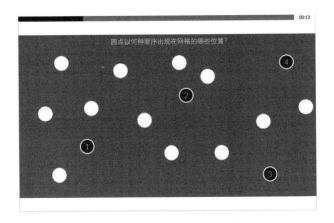

在未经培训或训练的情况下真实能力水平的，这也是众多企业在校招中开始采用游戏化测评替代传统考题式测评工具的原因所在。

3.3 专业能力测试

专业能力测试题多数是由招聘企业结合岗位实际要求自主命题，不同行业和公司的命题风格差别很大。互联网行业奉行"实用主义"和"结果导向"，校招笔试中的专业能力测试题一般取材于实际工作，如果你之前没做过相关实习，会觉得比较难。但一些成熟的行业（如金融、制造业）中的专业技术岗会有对口专业要求，所以考察内容会跟相应本科和研究生阶段的学习内容比较接近。有的第三方题库也会专门提供这类专业能力测试题库，比如ATA的专业能力测试就涵盖了金融、经济、财会、法律、管理、市场营销、统计、计算机与信息科技等不同专业知识模块，用人单位可根据自己不同的招聘需求，选择相应的模块或组合对应聘者进行考察。接下来以当下热门行业中热门岗位为例，看看它们在校招笔试中的专业能力测试部分到底在考什么。

1. 互联网产品

互联网公司"校招社招化"明显，校招中的笔试专业题难度比较大，需要同学们具备相应的实习经历，或是专门有所准备才能搞得定。题目考点涵盖了产品工作相关的所有方面，包括产品分析、产品设计、竞品分析、需求管理、商业化、用户体验设计、项目管理、产品运营、数据分析等20多个考点。既有选择题，也有需要码字回答的主观题。

百度2022秋招提前批

请谈谈你对"粉丝经济"的理解，并以此为依据，设计一款产品或一种商业模式。

1. 请详细阐述这款产品的目标用户和提供给用户的价值，并设计一到两个最主要的产品界面。

2. 请详细阐述这个商业模式中涉及的各方角色及他们各自能获得的价值。

OPPO2022秋招

从苹果、华为、三星、OPPO中任选一个品牌，分析其产品布局和产品体验，并选一个智能产品分析其未来的演变。

欢聚时代2022秋招

假如你是某直播产品（如YYLive）的产品经理，想提升直播每日的打赏金额，你觉得其中最关键的三件事是什么？分别给出产品设计，以及如何量化评估收益指标。

2. 互联网运营

跟互联网产品类似，运营岗的专业题也侧重实操，需要你有相关经验或有所准备。题目的考点也涵盖了产品分析、竞品分析、活动运营、用户运营、内容运营、新媒体运营、文案撰写、产品设计、商业化、用户画像、市场营销、用户增长等十多个考点。

哔哩哔哩2022秋招

《碧蓝航线》这款游戏上线之初在中国、日本等都取得了巨大的成功，你认为主要的原因是什么？请结合当时的背景说说你的观点。

网易互娱2022秋招

播客是网易云音乐的音频节目平台，如果你是这个产品的运营，请设计一套方案，用于扩大收听用户的规模。说明：

1. 播客的音频节目，在此不仅包括谈话类内容，还包括新闻、有声书、明星访谈、Demo、故事等，是非音乐专辑的、录播形式音频内容的统称。

2. 方案既可以是站内外用户转化路径的设计或优化，也可以是创新性互动玩法，还可以是激励活动，形式不限，但需呈现为运营方案，不包括效果广告等买量型方案。

3. 方案要考虑结果在数据上的可衡量性，以及可能的改进点。

欢聚时代2022秋招

如果你是广告策划师，团队要上市一款针对上班族女性的卸妆水，你会选择哪个渠道以什么形式去投广告，并解释原因。并且以提升销售量为促销目的，写一个100~300字的广告创意脚本。

小红书2022秋招（社区运营）

1. 列举3~5个喜欢的社交媒体账号，分别阐述推荐或不推荐的理由。

2. 你"混"过最久的社交媒体平台/社区是什么？有过什么成就？

3. 列举最近的热点，可选其中一个热点简要分析其成为热点背后的原因。

3. 数据分析和商业分析

数据分析和商业分析的校招笔试专业题主要考察两个方面的知识和能力：

一是结合对行业和业务知识的理解，构建指标体系，搭建分析模型，更新数据埋点，重构指标体系；二是考察技术能力，比如数据库的增删改、Python的函数库调用，以及Excel常用工具和函数的使用、Tableau等常用BI工具的制图能力等。

拼多多2021校招

1. 已知A、B厂生产的产品的次品率分别是1%和2%，现在从由A、B产品分别占60%、40%的样品中随机抽一件，若取到的是次品，求此次品是B厂生产的概率。

2. 某网站优化了商品详情页，现在新旧两个版本同时运行，新版页面覆盖了10%的用户，旧版覆盖90%的用户。现在需要了解，新版页面是否能够提高商品详情页到支付页的转化率，并决定是否要覆盖旧版。你能为决策提供哪些信息？需要收集哪些指标？给出统计方法及过程。

4. IT开发和算法

IT技术类岗位按照算法、后端开发、前端开发、运维、测试等岗位方向细分，考察不同方向的技术能力和技术基础，涵盖计算机原理、算法、数据库、网络、通信协议等，以及Java、C++、PHP、golang等知识，主要是以编程题和选择题的形式出现，对学生的数学与逻辑思维能力等要求很高，所以同学们在准备时除了要掌握编程能力外，还要重点补充数学知识，提升逻辑能力。

荔枝2022秋招（推荐算法工程师）

1. 一台容量无限大的超级计算机，可以支持多少个TCP链接？

2. 你是否知道数据库的MVCC（多版本并发控制）机制及其原理，请简要描述你的认识并介绍引入MVCC机制对数据库能带来哪些提升。

3. 详细说明从浏览器访问www.163.com到页面返回结果的整个过程。

字节跳动2020校招

给定一棵树的根节点，在已知该树最大深度的情况下，求节点数最多的那一层并返回具体的层数。 如果最后答案有多层，输出最浅的那一层，树的深度不会超过100000。实现代码如下，请指出代码中的多处错误。

```
struct Node {
 vector<Node*>sons;
};
void dfsFind(Node *node, int dep, int counter[]){
 counter [deo]++;
 for(int i = 0;i < node.sons.size();i++){
    dfsFind(node.sons[i],dep,counter);
 }
}
int find(Node *root, int maxDep){
 int depCounter[100000];
 dfsFind(root, 0, depCounter);
 int max, maxDep;
 for(int i = 1; i<=maxDep; i++){
    if(depCounter[i] > max){
       max = depCounter[i];
       maxDep = i;
    }
 }
 return maxDep;
}
```

5. 视觉、交互及用户体验设计

这类岗位通常会要求学生专业对口，所以考察内容也经常会与学生在校学习的相关专业知识挂钩。此外，公司还会倾向于考察跟公司现有或即将开启的业务相关的设计类问题，这些问题往往与最热门的产品相关，比如互联网移动端App的设计、游戏的设计、智能硬件的工业设计等。这就需要同学们在参加笔试前也要对这些热门领域、热门业务及产品的设计元素、范式、理念、经典案例等有所涉猎。

京东2019春招

视觉产品中创新与设计的区别是什么，举例加以说明。

欢聚时代2018校招

1.请列举四种以上移动端常见的导航形式，并简单分析各自的优缺点及适用场景。

2. 设计一个短视频拍摄流程，需要包括但不仅限于滤镜、配乐等，产出关键流程图、信息架构和线框图。

腾讯2020暑期实习

1. 选择一款短视频产品分析，做一份设计方案，并手绘草图。

2. 分析QQ功能不足的地方并写出改进方案。

3. 请阐述尼尔森可用性十大原则。

6. 游戏策划

游戏行业是个传统行业，但随着近些年大量互联网大企业的入局，逐渐备受瞩目。游戏行业的非技术岗位特别看重学生自身对游戏的感知和理解，更倾向于那些有大量游戏经历的、不仅玩得好而且善于思考和分析"游戏为什么好玩"的骨灰级玩家，所考察的内容也更贴近岗位实际工作中的任务和场景。

搜狐畅游2021春招

1. 一把武器，每次强化的成功率都是50%，前7级强化不会回退，从8级以后失败后会回退1级。每次强化花费3元，请问强化到10级一共需要花费多少钱？（需要写出计算过程）

2. 把"剪刀石头布"的游戏设定，做成一款ARPG（Action Role Playing Game，动作角色扮演游戏），请问你会怎么做？你的设计是比较有深度且耐玩的吗？如何让设计更加耐玩？

3. 从下面两个角色中任选其一，并为其装备命名。要求：命名需符合装备特征与角色调性；每个装备需要低、中、高三个阶层的命名。选择一：天山道长（拂尘、道袍）。选择二：精灵弓箭手（弓箭、胸甲）。

7. 游戏运营

网易雷火2021暑期实习

AR、VR、MR沉浸式技术火热，请据此为一个景点设计文旅方案。

完美世界2020春招

某天客服接到玩家反馈，声称装备丢失。如果你来负责此事，要怎么处理这件事。

8. 券商

券商校招笔试中一般会出现一定比例的专业题，这些题目的考点跟证券从业资格、基金从业资格、CPA、CFA考试中的内容重叠度比较高。考察范围涉及金融、经济、法律、财务等领域的知识，主要以选择题的形式出现。另外，券商还喜欢考查学生对自家公司的了解程度，比如经营业绩、业务范围、历史沿革等；还会考查学生对资本市场的关注度和敏感度，所以喜欢结合当下时政考查学生对某些热点问题、现象及政策的看法。所以在备考券商笔试时，你需要特别关注财经及政治领域的热点。

华泰证券2021校招

企业在哪个层级的市场上市，与其所处的发展阶段存在大致的对应关系，下列对应关系不正确的是（　　）。

A. 初创期对应科创板　　　　B. 成长期对应创业板

C. 成熟期对应主板　　　　　D. 衰退期对应中小板

中信建投2019校招

下列各项中，不属于鉴证业务的是（　　）。

A. 财务报表审计　　　　　　B. 财务报表审阅

C. 预测性财务信息审核　　　D. 对财务信息执行商定程序

中金公司2020校招

当前，沪深300成长指数涨幅较沪深300价值指数大，银行间市场同业拆借利率逐步走高，则可以推测当前市场状况是（　　　）。

A. 经济滞涨、货币政策从紧　　　B. 经济衰退、货币政策宽松

C. 经济繁荣、货币政策从紧　　　D. 经济复苏、货币政策宽松

9. 银行

银行校招笔试中的专业题主要会涉及经济（宏观经济学、微观经济学）、金融（货币银行学、金融市场与金融机构、国际金融、金融风险及监管）、财会、法律方面的知识，也会涉及计算机（计算机基础、网络、信息安全、操作系统、数据库、新技术等）、管理学、市场营销学方面的知识。另外，银行也特别喜欢考查跟自家银行相关的知识，比如历史沿革、业务范围、重要里程碑等，所以在备考银行笔试时特别需要注意补充这家银行的相关知识。同样，这些题目主要是以选择题的形式出现。

中国银行2022校招

多家银行联合起来，按照一定的比例共同向某一借款人贷款，这种多家银行联合的方式通常被称为（　　　）。

A. 银联　　　　　　　　　　B. 财团

C. 组合体　　　　　　　　　D. 银团

工商银行2021校招

某一个操作系统对内存的管理采取页式存储管理方法，所划分的页面大小是依据（　　　）而定。

A. 内存和存储块的大小　　　B. 存储块和磁盘的大小

C. 内存和磁盘的大小　　　　D. 内存空间的大小

建设银行2022校招

【多选题】8月25日起，建设银行、工商银行等大型商业银行开始对批量转换范围内的个人住房贷款，按照相关规则统一调整为贷款市场的报价利率（LPR）定价方式，其他银行也发布了类似的转换通知。下列关于LPR的说法中正确的有（　　　）。

A. LPR对于提升货币政策传导效率、降低企业融资成本、加大对实体经济支持力度具有重要意义

B. 5年期以上LPR主要为银行发放住房抵押贷款等长期贷款的利率定价提供参考

C. LPR能够为金融部门实施宏观调控提供重要参考，有利于让稳健的货币政策更加灵活适度，更好满足实体经济发展需求

D. LPR市场化程度更高，灵活性更强，能够更加灵敏地反映市场上资金供求变化，已经成为银行对贷款定价的主要参考

3.4　笔试的难点与准备工作

3.4.1　笔试的难点

本章开篇时提到过，大型企业笔试环节的淘汰率在70%甚至80%以上，绝大多数人的校招也止步于笔试环节，其中的难点主要体现在5个方面。

1. 考情

大家可以回忆自己过往考学的经历，无论是中考、高考还是其他考试，了解考情是备考的第一步。所谓考情，包括考什么、怎么考、考多久等细节，只

有明确了这些细节你才能有针对性地准备。

然而，校招笔试考情恰恰是一个非常难获取的东西。一方面，很多企业对历年考情和考题保护得非常严密，很多大型企业尤其是国企和外企都会要求参与笔试的同学对题目内容保密，不得以任何形式分享；另一方面，一家公司每年可能都会用不同题库供应商提供的笔试测评工具，这样一来根据历史情况也很难推断当年的考情。尤其是外资企业，在人才选拔和测评方面非常乐于接受新形式、新方法、新工具，所以在笔试和面试中的花样就特别多，几乎每年都会变。这进一步增加了大家获取考情的难度。

2. 时间与题量

校招笔试从题目形式上看无非就是选择题和问答题两类，而且多数公司和岗位的考卷都是以选择题为主。无论是认知能力测试还是专业能力测试，选择题的平均作答时间都非常短，普遍在40秒左右，最长不会超过90秒。所以对于绝大多数同学来说，笔试能答完题就已经是个不小的挑战了，若想要在这么短的时间内凭第一感觉把题做对，保证一定的正确率，就更难了。

3. 节奏与熟练度

想要在短时间内保证整张卷子的正确率，就需要把握好答题节奏。虽然我们始终强调招聘是对能力的测查，而不是应试导向的。但必须承认，整个校招中唯有笔试是作为学生而言最熟悉的环节，也是最能通过"有针对性地备考"实现提升的部分。训练节奏，就是要模考，尽可能还原真实的笔试环境去体验，消除陌生感，对整张卷子、卷子中的各种题型以及自己的答题速度、擅长和不擅长的题型有全局认知。

4. 策略与心理素质

有了全局认知，就能制定出自己的考试策略。校招笔试从来都不是认认真真把每道题都做对，而是把该做对的题做对，不擅长的题不要浪费太多时间，甚至要有选择性地放弃。而践行这个策略就需要你有比较好的心理素质，能洞察校招笔试的本质，突破惯性思维的束缚。

5. 专业能力和英语

最后的难点就是专业能力测试和英语。无论是"实用主义""结果导向"的互联网实操型专业题，还是对应到不同学科的专业知识题，都需要有比较扎实的专业积累，或是有过相关实习经历，或是上学时专业课扎实，这都是硬实力，不存在任何技巧。英语能力更是如此，很多企业的笔试中会有英语能力测试，甚至所有考题都是英文版，这也是对硬实力的考察，会就是会，不会就是不会，功夫全在平时的积累。

3.4.2 笔试的准备工作

了解了校招笔试的难点所在，就很容易清楚该如何做准备了，给大家以下5个建议。

1. 刷主流题库

由于绝大多数企业校招笔试中的认知能力测试部分，都是采购第三方题库供应商的测评工具，所以大家在准备时可以不用过于纠结找某家公司的往年真题，而应选择去刷那些主流的、被多数企业采购的供应商的题库，比如北森、智鼎、牛客、赛码、EAS、SHL、MAP等。很多公司虽然每年都会换题库，但也只是在这几家题库当中反复横跳，所以如果能把这几个主流题库的题型都刷到足够熟练的水平，那么无论你应聘的企业当年笔试如何安排，你都能从容应对。况且不同题库之间的题型以及难度差别并不大，这些主流题库某种程度上也代表了整个行业的平均水平，所以即便你应聘的某家公司选择的不是这几个主流题库，也不用担心。

2. 尽可能获取当年考情

有了相应的刷题准备，也别忘了获取当年你所应聘这家公司的笔试考情。当然，前面我也提到过这个获取的难度非常高，但并不是完全拿不到。你可以通过一些应届生求职社区找找相关的帖子，也可以主动加一些行业、公司的求职互助群，没准就有进度比你快（比你先拿到笔试）的同学在群里分享了考情甚至考题，这对于你的备考肯定是有帮助的。

3. 刻意训练节奏

策略和节奏很重要，所以你需要通过模拟考试检验你的策略，形成你的节奏。因此，刷题时不要太随意，有条件的话尽量找到真题套卷，腾出整块的时间计时答题，找找感觉，这对于你摆脱考试陌生感，在正式笔试时快速进入状态是很有帮助的。某些公司（尤其互联网大企业）会在正式笔试前安排模拟测试，这个机会一定不要错过。

4. 不要过分看重方法论

很多同学喜欢报班学习，或者借鉴公务员笔试（行测）课程中介绍的各种"秒杀技巧"去攻克笔试，不能说不对，但用处有限。其实，有这个时间你老老实实把题算一遍可能也已经有答案了。实际上，中学时一些常用的考试技巧在校招笔试中完全适用，比如数学类问题中的特值法、极值法、整除法等，对于90%以上的校招笔试来说，这些朴素且经典的做题技巧已经足够了。

5. 提前测试考试环境

由于目前绝大多数笔试都是通过线上系统进行的，所以提前测试你的硬件、软件以及网络环境也是必做的准备之一。有些企业的笔试系统比较好用，兼容性也比较强，但也有一些兼容性会相对差，因此大家务必在正式考试前做好线上环境的测试和准备工作。

拓展：如何应对性格测试

1. 性格测试的目的

前面在介绍校招笔试基本常识时我刻意将性格测试独立于笔试之外，核心原因在于：无论是认知能力测试，还是专业能力测试，都可以通过提前备考和刻意训练得到改变和提升；但性格测试则不同，它完全是针对人格中那些稳定的、长期不变的模式进行的评估，是很难在短时间内通过训练发生改变的。

公司借助专业的性格测试工具，从心理学视角了解你的兴趣性格倾向、行为风格、人际风格、成就动机、耐挫与抗压能力、责任感等心理特质，这些都将给企业提供一个更完整的"你"的画像，进而评估你与组织和企业风格之间的匹配性，挖掘你的胜任力及发展潜力，了解你的行为模式和心理驱动因素等。

2. 企业如何看待性格测试的结果

绝大多数企业会把性格测试结果作为评估你是否可以进入下一轮的参考，通常不会作为录用或淘汰的决定性因素。但个别企业例外，比如宝洁和华为。这两家公司对性格测试结果非常看重，甚至到了一票否决的程度。所以对于绝大多数同学来说，不必过于紧张性格测试这件事。

3. 求职者如何应对性格测试？

专业的性格测试工具在设计时都会加入信度检验，所以某些同学指望通过刻意迎合企业的用人标准去做性格测试的做法，其实不是很现实。一方面你很难准确把握企业在这个环节上的筛选标准；另一方面，优秀测评工具中的信度检验是很难被察觉的，所以在性格测试中"作假"是很难的。

更何况性格之于职业选择有非常重要的意义，不同于兴趣、能力和价值观，性格不匹配反映到一个员工身上不仅仅是心理上的，更是生理上的。尽管对于同学们来说，没有offer是你最大的焦虑，但稍微把眼光放长远一点，多去关注已经在职场上工作了几年的人的情况，你就会知道选择一份真正适合自己的工作是多么重要。

在我所接触的各类生涯咨询个案中，90%以上的来访者都是因为最开始做职业选择时不够慎重，导致工作了几年但始终觉得不合适，最后不得不离开，重新出发。但这时候人生中往往多了一些生活上的责任和压力，重新做选择的时候就没那么自由，处处掣肘。而且对于一个职场人来说，放弃原来的行业和岗位重新出发，就好比游戏中一个你练了多年的人物现在要清空经验重新培养、重新点技能树一样，代价极大。

所以作为一个有着1000多小时生涯咨询个案积累的生涯咨询师，以及一个工作了10多年的职场老兵，我强烈建议同学们在性格测试环节做自己，借助企业提供的性格测试工具更好地了解自己到底喜欢什么样的工作。华为虽好，但华为的狼性不见得就适合你；宝洁虽好，但宝洁对领导力潜质的要求也不一定就是你具备的。适合你的，一定才是最好的。

—— 第**4**章 ——

面试

校招面试通常由企业自行组织实施，大型企业也会聘请第三方人力资源公司来协助组织实施面试。企业不同，面试的轮次以及每轮的形式都会不同；岗位不同，同样面试形式下的考题也会不同。但根据目前绝大多数企业在校招中面试的安排来看，校招各轮次面试基本上包括群体面试（以下简称"群面"）、单独面试（以下简称"单面"）、视频面试、电话面试以及近几年越来越多被使用到的VI面试和AI面试。本章我会分别介绍上述几种面试形式的相关知识。

4.1　群面：无领导小组讨论

群面即群体面试。

广义上的群面就是一对多或者多对多的面试，形式可以非常灵活。例如：

① 国家公务员考试中，有的岗位会采用一种结构化群面的形式：多个面试官同时面试多个候选人。同一个问题，每个候选人依次轮流作答。

② 国有银行近几年会采用"3对3"辩论的面试形式，规定辩题下双方各执一个观点，内部准备后进行辩论性质的讨论。

③ 德勤近几年采用的是一种名为"hackathon"的群面：所有候选人对同一个大的商业案例进行讨论，然后分别向面试官一对一汇报，得到面试官的反馈后，每位同学再带着各自得到的反馈信息投入到下一个议题的讨论。

④ 普华永道在2018年的PwC Day中采用过一个名为"六国贸易"的商业模拟游戏进行群面，每轮游戏有6个小组，每组6个候选人，并配备一个面试官在一旁监督。36个候选人在一个既定规则下进行一场沙盘模拟性质的商业贸易

游戏，这样就实现了6个面试官同时面试36个候选人的效果。

⑤ 百事等快消品公司还会采用一种名为"store visit"的群面形式：指派一组候选人，带着具体的问题和目标对线下门店进行店访，搜集相关信息（观察门店客流、陈列、货品、促销执行、店员服务等细节，同消费者沟通访谈等），然后汇总每个组员收集到的情况，完成企业给定的讨论任务，并制作出最终提案向面试官汇报。

总之，一次性面试多个候选人的面试，都可以叫群面，包括但不限于无领导小组讨论、情景模拟、文件框、辩论等。群面的优点很明显：

① 效率高：可以一次性面试多个候选人，作为第一轮面试的初筛非常合适。

② 效度高：复杂的群面形式设计可以让面试官看到他们更想看的东西，更立体、直观地判断出候选人与企业要求是否匹配。

③ 信度高：相较于语言上的沟通，群面创设的场景更容易让候选人表现出真实的"下意识"的行为和语言，这些才是候选人内心真实想法的呈现。

④ 互动性强：多数群面都是候选人之间的互动，而不是面试官与候选人的互动，这就在一定程度上消除了候选人的紧张感，更利于候选人在松弛的状态下正常发挥。

有些同学可能还听过一个词叫"Assessment Center"（评估中心），有些公司的面试通知会出现这个说法，被广大同学简称为"AC面"。实际上，Assessment Center并不是一种面试形式，它指的是一种人才测评方式，面试属于人才测评方式中的一种。所以AC面是一个概念，里面可以装各种东西，比如AC面里可以安排多轮面试，甚至穿插笔试；每轮面试也可以安排不同的形式，比如单面、群面、小组讨论、情景模拟等。所以如果企业发给你的面试邀约提到了接下来是Assessment Center，你应该尽可能了解这家公司的Assessment Center到底包括了什么。以四大会计师事务所为例，Assessment Center通常包括了商业案例分析类型的无领导小组讨论、自我介绍和破冰游戏，以及与经理级面试官的单面，也包括了英文邮件写作、笔试抽查重测这样的环节。

狭义上的群面经常指"无领导小组讨论"。这种形式历史悠久，"一战"时德国就用它来选拔军官，到了"二战"世界各国都用它来选拔军官。"二战"结束后，无领导小组讨论被推广到了企事业单位的人才选拔中，成了应用范围最广泛的群面形式。

一场标准的无领导小组面试通常会持续1~2小时，合理且常规的安排一般是6~8个考生一组。有的企业可能图效率、图省事，人数会很多。但坦率地说，一旦超过8个人，面试就是形式大于实质了，考生的体验会很差，面试官也很难关注到每个人的表现，到底谁好谁坏几乎就是凭感觉和第一印象，基本上已经失去了人力资源测评的科学性了。一组面试通常会配备1~2个面试官，当然也有4个甚至8~9个面试官的情况，这种通常是在体制内的无领导面试中会遇到，比如公务员、事业单位等。企业会给一组考生提供一个题目。题目可长可短，可能有材料，可能就是一句话；可能是一个开放性的讨论话题，也可能是一个封闭性的需要做决策、给答案的问题。

受限于本书篇幅以及从实用性考虑，接下来会重点讲解"无领导小组讨论"这种群面形式。

4.1.1 无领导小组讨论的本质和难点

1.本质

无领导小组讨论是什么？你在网络上能看到各种各样的解读和面试经验，

其中有一种非常坑人，但恰恰又是流传最多的版本：

无领导小组讨论就是"演戏"，你要做的是找到自己的角色（leader领导者、time keeper时间管理者、recorder记录者、reporter汇报者、member其他成员等），然后全力演好这场戏。无领导小组讨论中不要理会题目，不要真的去讨论题目，讨论结果不重要，过程才重要。无领导的目的就是产生领导，必须把所有人说服，成为那个领导，所以无领导的核心是"与人斗"，而不是解题。

这种面试经验对同学们来说，"有百害而无一利"。

首先，所谓角色，根本不存在。即便是没有工作经历的应届生们，换位想想：如果你未来的同事是个没有真本事的"戏精"，开会讨论问题时，一句有建设性的话都说不出来，只会说一些虚头巴脑的废话，你肯定也不愿与其共事。

其次，所谓"讨论结果不重要，重要的是讨论过程"，这个说法也对也不对。对的地方在于：作为面试官来说，的确不会关注小组讨论的结果到底是什么，到底能不能解决问题，到底能不能付诸实践。不对的在于：讨论过程和讨论结果，两者是因果关系。讨论过程中的思路正确，最后的讨论结果一定是有说服力的；反之，如果讨论结果没有说服力，一定是讨论过程出了问题。而几乎90%以上的应届生在无领导面试中都出现了"因果倒置"的问题。来看个对比。

题目：你认为一个优秀的领导者应该具备的最重要的3个素质是什么？
阐述你的理由。

版本1的总结陈词（即讨论结果）：
经过刚刚小组内的激烈讨论，我们一致认为优秀的领导者最需要具备的素质有3个。

　　① 有明确的目标和方向，并一以贯之；

　　② 有强劲的统筹、组织和动员能力；

　　③ 有独特的人格魅力，在团队中具有表率和引领作用。

　　得出这3点的核心理由是我们认为优秀领导者的素质应该涵盖在对事、对人、对自己三个方面。所以这3个点也分别对应了这三个方面。

　　具体来说：① ……。② ……。③ ……。

　　所以我们认为优秀领导者最需要具备的是这3点素质。

版本2的总结陈词（即讨论结果）：

　　经过刚刚小组内的激烈讨论，我们一致认为优秀的领导者最需要具备的素质有3个。

　　① 有明确的目标和方向，并一以贯之；

　　② 有强劲的统筹、组织和动员能力；

　　③ 有独特的人格魅力，在团队中具有表率和引领作用。

　　得出这3点的理由是：

　　① 好（阐述素质1的各种优势）。② 好（阐述素质2的各种优势）。③ 也好（阐述素质3的各种优势）。

　　所以我们认为的优秀领导者最需要具备的素质是以上3点。

　　比较两个版本，会发现版本2的陈述明显有逻辑缺陷，前后并不能构成因果关系。

　　之所以出现版本2这种总结发言，几乎都是因为：小组在讨论阶段完全不在正确的思路上。要么是题目没审明白；要么就是听信了所谓面试经验，根本不审题，也不讨论，心思全在"演戏"上；要么就是聊着聊着偏题了；要么就是时间不够没讨论完。总之，因为各种各样的原因，讨论过程是失败的，但为了应付最后的总结陈词，不得不临时推一个口才还可以的人出来，然后完全靠着这个人的口才把总结陈词做完，所发表的内容跟讨论过程几乎没有任何关系，于是整个发言的逻辑就完全是拧巴的。

那么，无领导小组讨论到底是什么？

它是一个典型日常工作场景的微缩版，是对日常工作中典型任务所需要的能力的提炼，而从来不是一场虚拟的"戏"。它真实存在，而且绝对不是脱离实际的。因此，想要通过无领导面试，绝对不是靠"演技"，而是靠"实力"。

2. 难点

无领导小组讨论难在哪里？难在不确定性。因为跟你同组的人不同，可能发生的情况就不同。哪怕题目一样、流程一样，仅仅是人的不确定性，就会导致各种无法预测的情况发生。也正是这种不确定性导致了无领导面试不太可能有什么通用的套路或者技巧可以遵循。

面对无领导小组讨论，唯一有价值的，就是你应对这种不确定性的能力，而不是技巧和套路。这样一来，面试的目的也就实现了，所以运用精心设计过的无领导小组讨论，面试结果的信度和效度还是很高的，非常有参考价值。

那么作为没什么面试经验的学生来说，在尚不具备这种见招拆招的应变能力的情况下，想要摸索无领导面试技巧，那就没有捷径，只能从两个方面入手。

① 穷尽所有无领导考场上可能出现和遇到的高频情况，逐个学习如何应对；

② 进行大量的模拟练习，在模拟中还原这些高频情况，然后把你学到的应对方法运用进去，根据效果和反馈调整运用的细节，逐步变成见招拆招的应变能力。

4.1.2　无领导小组讨论面试流程

一场完整的无领导小组讨论面试，可能会包括7个环节。

1. 场外候考

在公务员、教师、银行这种公职类、事业单位和国企的无领导面试中，一般会明确要求提前到达考场候考。外企和私企一般并没有明确的要求，但还是建议面试正式开始前30分钟左右到达面试地点。你可以利用这个时间和其他同学互相认识一下，不出意外的话，他们很可能就是你同组面试的队友，提前认识和了解他们的背景，比如他们来自哪个学校、学的什么专业、都在哪里实习过、做过什么岗位、家乡是哪里等，当然也别忘了介绍下你自己。

这样做：一来可以提前预热、彼此熟悉，消除紧张感，等到面试正式开始时大家都可以迅速进入状态，不至于出现因为彼此陌生而导致的冷场状况；二来提前了解每个队友，了解他们的优势，在讨论环节是用得上的。比如：学过某个专业的队友可能会对题目资料中的相关专业知识或信息特别敏感，他们的想法或许会更有深度，你就可以在讨论中着重关注他们的发言并加以利用，这样对你和团队的最终结论呈现都是有帮助的。另外，如果你在讨论中能第一时间根据每个人的特点和优势对他们进行合理分工，这也是一种领导力的表现。

2. 自我介绍

考生落座，面试官介绍完流程和规则后，就会进入自我介绍环节。

无领导面试中的自我介绍有2个特点。

① 时间短，一般限制在30秒到1分钟之间。

② 最重要的目的是让组员们记住你。

很多人会在面试前准备一个标准版的自我介绍，一般都在1分钟到3分钟之间，也就是260~800字（正常人语速一般在每分钟230~260字），这个做法是

小提示

进入考场落座时注意礼让。如果没有明确安排座次，千万不要出现抢座位的情况。考生落座后，面试官一般会先说一些寒暄的话，并对整场面试的流程和规则做个说明。

常见的无领导面试场地的布置有两种形式：

第一种：考生席呈环形或者干脆一字形摆放，考官席呈一字形在考生席对面

第二种：考生围坐呈圆形或方形，考官分散在考场四周

考生

考官

考官　　考生　　考官

第一种布置会让考生觉得自己是在向面试官回答问题，容易忽略与组员之间的交流。第二种布置正好相反，它很容易让考生沉浸在小组的讨论中，忘了面试官的存在，忘了自己正在面试，进而呈现出过于放松的状态，比如发言声音过大、语调过于激动、坐姿过于随意等，甚至出现情绪化的发言和行为，比如用手指指着对方发言、因分歧而拍桌子表达不满等。其实这恰恰是无领导面试设计的目的——促使考生呈现出真实的一面。

没问题的。但无领导小组讨论的自我介绍时间有限，直接用这个标准版的自我介绍肯定是不行的。那怎么办呢？很多学生的做法就是把标准版的自我介绍压缩在30秒到1分钟里完成，具体来说两个动作：

一是加快语速，用一分钟300字以上的语速介绍自己。

二是内容框架不变，删减细节。这也就是指"实习+学生会经历+公益项目+兴趣爱好"一样不少，但每样都讲得不那么细致。这样内容就变少了，时间也就压缩了。

这样做看似合理，实则大错特错：

第一种，语速过快，很多内容根本听不清楚。尤其是很多同学在一开始念自己名字的时候非常含糊，连名字都记不住，何谈让组员们记住你呢？

第二种，内容框架不变，删减细节，看起来内容是少了，但实际上少的是字数，而不是内容。作为听众，一会儿是3段实习，一会儿是公益项目，一会儿又是学生会主席，一会儿公众号游记，信息太多，每条信息又都是浅尝辄止，都没给人留下深刻印象，越听越迷糊，更别提记住了。

因此，为了应对无领导小组面试，建议你专门准备一个30秒到1分钟的自我介绍，而且要抛弃标准版的自我介绍，重新设计。以下2个技巧可以帮到你。

① 保持正常语速，把名字念清楚，并且用一些技巧强化大家对你名字的记忆。

比如：大家好，我叫李——晓——龙，和功夫大师李小龙只差了一个字，我是拂晓的晓。

跟名人重名或谐音，名字背后的一些寓意，名字关联的一些典故，都可以拿来用。如果这些都不沾边，也可以用昵称甚至绰号来加深听众印象。

比如：大家好，我叫周桐。因为我身高有一米九，所以朋友一开始都叫我"小巨人"。后来大家觉得这么叫太疏远了，而且我性格也比较腼腆，用"巨人"称呼还是有点违和的，于是就改叫我"小公巨"，就是把"小公举"的"举"换成了"巨人"的"巨"。

一旦你的名字被同组的人记住，那么讨论环节就会有人主动跟你互动；反之，如果你没被同组人记住，那即便有人想跟你互动，但却会因为想不起你的名字，转而跟其他能叫得上名字的人互动了。

② 内容上务必做"减法"甚至"除法"，最简单的策略就是给自己"贴标签"。标签不要超过3个，1~2个为最佳，可以围绕这些标签适度展开，强化标签，加强听者的记忆。

比如：我是一个B站老牌UP主，从B站成立之初就开始玩，主要拍一些数码产品测评方向的视频，虽然比不上王自如，但也算是个比较资深的数码达人，目前在B站粉丝已经超过100万了。

再比如：我特别喜欢长跑，目前已经跑过了6个全马和21个半马，加起来的距离相当于在北京五环上跑了7圈。

我们接收任何信息的时候，都是以一个焦点作为支撑的，尤其是认识一个陌生人，最有效的办法就是抓他的特点。

不用担心你的标签跟"工作"无关。记住：无领导小组讨论的自我介绍，不是讲给面试官听的，而是讲给组员们听的。如果是对面试官做自我介绍，自然是要凸显自己跟岗位之间的匹配性；但跟组员们做自我介绍，让大家记住你才是目的。

运用这两个技巧，来看看一个标准的30秒到1分钟自我介绍的示例。

　　大家好，我叫周桐。因为我身高有一米九，所以朋友一开始都叫我"小巨人"。后来大家觉得这么叫太疏远了，而且我性格也比较腼腆，用"巨人"称呼还是有点违和的，于是就改叫我"小公巨"，就是把"小公举"的"举"换成了"巨人"的"巨"。（突出名字）

　　一般人都觉得个子高的人肯定喜欢打篮球，其实我最喜欢的是长跑。我目前已经跑过了6个全马和21个半马，加起来的距离相当于在北京五环上跑了7圈，而且去年的北马我还进了前八，拿了名次还拿了奖金，直接把我这么多年跑马拉松的报名费都赚回来了。（贴标签）

　　非常开心能在今天能跟大家结识，希望今天能跟大家合作愉快，谢谢。（常规礼貌性收尾）

一共224个字，30秒说完毫无压力，1分钟更是绰绰有余。

3. 材料阅读

　　基于题目材料的多少，阅读材料的时间从2分钟到15分钟不等。多数考场会给你提供纸笔，但我还是建议你自己带一些，纸可以多带一些，笔多带1～2支就可以了，同组的人如果没有可以借用一下。

　　如果你的语言表达能力比较强，说话之前简单打个腹稿就行或者可以直接临场发挥的话，那就不必非要在纸上写什么；但如果你的语言组织能力没那么强，最好还是先在纸面上写下自己的发言框架和关键词。需要注意的是：这张纸不要在这个环节就写满，因为后面的讨论环节还需要用它来做记录。另外个别公司喜欢回收这张纸，甚至作为面试评估的一个参考，这种企业通常会要求你在草稿纸的页眉处写上自己名字。如果面试官提出这种要求，那就务必要注意纸面和字迹的整洁度。

　　材料阅读环节最重要的事情就是审好题，仔细审题，确保自己真的理解了题目的意图。尤其是外企的无领导面试经常是十几页的材料，甚至是纯英文的，很容易把人看懵。所以最好的办法就是先看材料末尾的问题或者任务要求，再回过去看材料。

4. 个人陈述

一般情况下，阅读材料的时间一到，面试官就会提示大家进入个人陈述环节。可能有些公司也会直接跳过这个环节，直接开始自由讨论。

个人陈述通常的形式就是每个人轮流就题目发表自己的看法和观点，发言时间一般限定在1～2分钟，到时间面试官就会喊停，换下一个人说。所以没必要总想着把这1～2分钟利用得1秒都不浪费，事实上整个群面中你都没必要这么做。

有的同学总觉得时间没利用充分会显得自己话太少，或者吃亏了，其实不然。对于面试官来说，那种举重若轻的学生更让人舒服，而且老话讲"言多必失"，在面试中（无论是群面还是单面）话多其实不是什么好事，说得越多很可能错得越多。另外，在口头表达上，简练表达相比赘述要难得多。有的同学可能平时比较能说，或者在学生会以及各种社团里练就了一些"本事"，张口就来，滔滔不绝，可能看起来唬人，其实说的话信息密度较低，容易给人留下一种虚头巴脑的印象，面试官也很容易看穿。所以反而那种言简意赅，不说废话的学生更能引起面试官的好感。

虽然发言时间比较短，但有以下几个细节还是要注意下。

① 基本的开头结尾的礼仪和寒暄要有，不要一上来就直奔主题。但也不要太过于客套，全是虚头巴脑的寒暄，进入主题太慢。

② 言简意赅地把观点说清楚才是核心，观点较多的时候要注意条理和层次，务必结构化表达。举个例子：

　　各位组员大家好，基于我对材料/题目的理解，我有这么几个观点/
想法：

　　第一，×××；

　　第二，×××；

　　第三，×××。

　　以上就是我对今天题目的初步看法，谢谢！

　　③ 不要过于自谦或者过于自负。比如："以上就是我对这个问题的一些
不成熟的想法，欢迎大家多多批评。""这个问题我之前在参加×××商赛的
时候就遇到过了，其实很简单，无非就是×××。"二者都不可取。

　　④ 别人阐述观点时，做好记录。一方面，记住是谁在发言，这时候就看
你认人的本事了，在纸上写下此时发言的人的名字，这比"×号同学"显然要
好；另一方面就是他发言的要点，按照条理和逻辑，记录你认为有价值的关键
词。这样一来，后续讨论中你就能准确地说："×××同学刚刚说了××观点和
××观点，我认为非常有价值，可以沿着这个思路继续讨论。"这是非常好的
沟通反馈机制。

　　除了上面要注意的4个细节外，很多同学在个人陈述环节还会遇到两种情
况：一是自己准备的观点被前面的人说了，感觉没话说了；二是准备阶段就没
什么想法，脑子里一片空白，不知道该说些什么。

　　这两种情况是最常见的，也是学生最不知道如何解决的。

　　针对第一种情况，务必要记住一点：不要总想着每次发言都一鸣惊人，都
要竭尽全力地展现自己，没必要，也不可能。很多同学觉得自己观点跟别人重
复了，就总想临时换个观点，标新立异，其实底层逻辑就是心态不对。摆正了
心态，你就会发现"观点重复"不是什么了不得的事情。在群面上有人跟你观

点一致，那接下来就可以跟他多一些互动，打打配合，一起胜出，这是好事啊！

具体到你发言的时候，可以结合前面人的发言做一些补充和深入展开。

> 比如：刚刚××同学提到的××观点跟我的想法不谋而合，我也认为×××，除此之外，我认为还需要×××。

针对第二种情况，其实处理办法跟第一种是一样的：借鉴他人观点，讲自己的理解，做补充或者深入展开。所以如果你看了题目和材料，脑子里一片空白，那就在个人陈述环节专心听别人的观点，做好记录，然后找到你认为很有道理的观点深入思考，在这个观点基础上讲你自己的想法。但是注意：观点一致不等于随声附和，借鉴他人观点不等于照搬照抄，一定要有自己的理解和补充，要有自己的思考。比如观点有没有漏洞，需不需要修正，如果没有漏洞，那么做哪些补充能让这个观点更有说服力，这些延伸都是有效的。举个例子，A同学结合题目认为：解决大学生就业难问题，就需要从企业端入手，增加面向大学生的就业岗位数量。这观点看起来没问题，但实际上有很多需要补充的点，比如：企业为什么要增加应届生就业岗位？动机是什么？什么样的外力能加强这个动机？顺着这个思路，你就可以做补充。比如：

> 我的观点跟A同学基本一致，需要从企业侧入手，增加面向应届生的就业岗位，以解决大学生就业难的问题。但在此基础上，我认为政府也要参与进来，比如为招聘应届生的企业提供更多税收上的优惠支持，促使企业愿意提供更多的岗位给应届生，才能确保这个想法落地。

5. 自由讨论

自由讨论环节是整场无领导面试的核心，一般会持续15到40分钟不等，甚至更长的可以达到1小时。候选人在这个环节的表现也是面试官做出评价的主要参考依据。

在这个环节中，面试官是旁观者，全程是不参与的，所以整个过程完全是由一组候选人自己推进的。除了面试官宣读过的规则，以及基本的礼仪规则必须遵守之外，还有一些规则可能在面试一开始的时候面试官并没有提到过，但它们也是无领导小组讨论面试的基本规则。

① 小组讨论必须在规定时间内完成，不能超时。超时会被叫停，直接进入下一个环节，也就是总结陈词环节。如果这时候你们小组没有人愿意出来做这个总结陈词，那这场讨论就视为失败，整组都会被淘汰或者评分很低。

② 小组讨论最终必须得出一致结论，不能各说不一。一般情况下，总结陈词都是由小组推选出一个人来做。有的也会要求多个人共同做总结，甚至全组一起做总结。但无论是一个人还是多个人，最后的结论必须是一致的，至少是自洽的，不能各说各的，前后矛盾。没有形成共识的讨论也会被视为失败，整组评分也会很低。

③ 小组讨论中不能通过投票表决达成所谓少数服从多数的共识，采用这种方式会被视为该组所有候选人都不具备领导和决策能力，容易导致整组被淘汰或者评分很低。

自由讨论环节的时间分配是很重要的，对时间把控不好就非常容易超时，或者在规定时间内讨论不出有价值的东西。另外，在讨论即将结束前的2~3分钟就应该推选出做总结陈词的人，并且帮这个人汇总讨论成果，梳理成最终的发言内容，最好能再给他一点时间打个腹稿，甚至把发言内容给组员们模拟着讲一遍。

6. 总结陈词

总结陈词一般规定在2～5分钟完成，通常会要求小组推选出一个人完成（极个别情况也会允许或者要求多人做总结）。做总结的人可以毛遂自荐，也可以让大家推选，这本身也算是自由讨论环节需要决策的一个小议题。

总结发言的人需要做的是把团队讨论结果汇集整理成自己的语言传达给面试官，而不是用自己的想法替代团队讨论结果，这点一定要注意。一旦你这么做了，面试官是监听了整个讨论过程的，那你的发言就很有问题。当然，前面我也提到过一种情况：整个讨论环节一团糟，几乎没沉淀出什么有价值的内容，导致最后做总结发言的人不得不硬着头皮"现编"，这时候他的发言内容肯定就跟讨论没关系了，因为讨论本身就没什么营养。

很多同学会认为一定要抢到最后发言的机会，其实不然，还是要看现场实际情况。面试官观察候选人表现，主要是看自由讨论环节。总结陈词不是最重要的环节，在这里发力，还不如讨论环节发力。自由讨论环节表现不好的人，一个漂亮的总结陈词也不能让面试官对你的评价发生本质性的转变。对于自由讨论环节表现比较好的人来说，没必要给自己制造失误的机会。讲得好了，锦上添花；讲得不好，可能会减分，反而是把这个机会推给别人，更能体现高风亮节。

有个"小手段"，大家可以试试：不去抢发言人，把机会让给别人，然后帮这个人梳理讨论成果，组织发言内容。这个过程其实等于是你代替这位发言的同学先做了一次模拟的总结陈词，既帮了队友，又自己把总结做了一遍，面试官都看在眼里，一举两得，非常讨巧。

总结陈词在语言组织上也可以采用最常见的三段式结构。

第一段：基本的寒暄开场。例如：感谢我们团队对我的信任，各位面试官好。经过我们小组的深入思考和激烈讨论，现在由我作为代表向各位面试官汇报我们团队对这个问题的看法。

第二段：运用结构化表达。有条理、有层次、有逻辑地把你们的讨论成果讲出来。

第三段：礼貌结尾。例如：以上就是我们团队的讨论结果，谢谢各位面试官。

另外需要注意一个细节：总结陈词做完之后，任何人都尽量不要试图补充。如果你觉得他的发言不够好，应该在他发言之前指出问题，帮着改进。有的同学可能觉得总结发言的人表达得不够清楚，发言不够精彩，补充一下是为了团队考虑，但其实这只能说明团队选人有问题，只能认栽。

7. 附加提问

并不是每场无领导面试都会有这个环节，多数的都会在总结陈词之后，面试官做个礼貌性的收尾，然后宣布今天的面试结束。

如果有这个附加提问环节，那么被提问的有可能是个别人，也有可能是组里的每个人。时间长短也不确定，平均到每个人身上可能也就2～3分钟。

附加提问的内容基本上围绕两个方面展开。

① 关于小组讨论内容方面的问题，跟题目及你们讨论的内容相关。比如：

- 刚刚在讨论中你提到了增长中的AARRR模型，能再详细地解释一下这个模型吗？
- 刚才在讨论中你提到了这个活动可以采用短视频的方式做推广，能详细说下你的推广思路吗？

◆ 在刚刚的讨论中，有人提出用波特五力模型进行分析，但你提出了质疑，能详细解释下你反对的理由吗？

② 关于面试表现方面的问题，跟人相关。比如：

◆ 如果你们小组一定要淘汰一个人，你认为应该淘汰谁？为什么？
◆ 你们小组谁表现最好？谁表现最差？
◆ 你觉得自己的团队合作能力怎么样？为什么刚才的讨论中你的参与度不高呢？

第二类问题相对更难应付，这就是典型的压力性问题（后面讲单面的时候会介绍到）。

应对这类问题，没什么技巧，就一个原则：实事求是。评价一个队友的表现，无论是好还是不好，实事求是，有依据，有道理就可以。比如：

我认为应该淘汰A。

不可否认A的观点很新颖，给团队带来了一些新的思考，但对任务的理解比较片面，为人又比较固执，让大家把大量的时间浪费在了不必要的问题上，降低了讨论效率。既然是小组讨论，还是应该充分听取他人好的建议弥补自己知识和经验的不足，必要的时候不计较个人利益、作出妥协反而更容易实现团队目标。

再比如：

我给自己在这次面试中的表现打7分。

因为大家表现都非常踊跃，A同学的逻辑非常清晰，带领大家把任务逐个击破；B同学的思维敏捷，总能发现团队注意不到的细节……相比之下，我只有2个观点被采纳，虽然在最后提醒了大家注意时间，并且总结了小组讨论的成果，但无论是在发言的内容上，还是在团队的组织上，跟这两位同学相比都还有比较大的距离，以后还是要多学习。

总之，只要你的评价有理有据，逻辑自洽即可。

4.1.3 无领导小组讨论的评分规则

无领导小组讨论的评分基本就两种情况：评分表和凭感觉。但说到底，面试评价很大程度上还是由面试官主观感受决定的，即便再合理的评分表，打分的还是人，是人就免不了主观。即使是受过专业训练的面试官，也只能做到相对客观。

1.评分表

评分表一般是基于岗位胜任素质模型设计的，这样的公司规模一般都不小，招聘方面也比较有水准。所以评分表这种打分方法在大型企业里多见，尤其是外企和国企。

评分表的具体内容每个公司差别很大，没什么规则可言。简单一点的，把企业要求的各项能力罗列出来，然后给一个分数区间（比如1～10分），面试官根据候选人在这个能力上的表现打分。复杂一点的，能力项会有更具体的解释和描述，有的还会在打分上给一个区间提示，比如在这个能力项上，怎样算是表现好（8～10分），怎样算表现一般（5～7分），怎样表现算差（低于5分），面试官可以依据这个提示和描述打分。评分表打分，要求面试官结合表上要求逐项去观察候选人的表现，然后针对候选人在每个能力项上的表现单独打分，最后将每个能力项的分数进行加权汇总，得到这个候选人最终的群面分数。即便是外行也能看出来：这种打分方法比较复杂，对面试官要求比较高。

所以，很多大公司组织无领导面试时，都会用第三方人力服务机构的面试官（如智联、前程无忧这样的招聘平台，以及如光辉国际、科锐国际这样的人力咨询和猎头公司）。它们通常会给企业提供包含了岗位分析与人才盘点、ATS系统、简历筛选、招聘会落地、笔试选拔、性格测试、面试邀约和面试测评等模块在内的一整套解决方案，即所谓的RPO（Recruitment Process Outsourcing）服务。这么做，一方面让专业人做专业事，另一方面也弥补了企业内部招聘人员不足的问题。

2. 凭感觉

由上可见，评分表打分的方式从设计到执行都很复杂，大公司或许有足够多的专业性强、经验丰富的HR能确保完成，或者干脆如前面所讲花钱请专业机构解决，但这对于中小型企业来说显然就不现实了。可如果实际的招聘情况要求企业必须使用无领导小组讨论的面试形式怎么办？最简单的办法就是让面试官凭感觉打分。

这种打分方法的依据就是候选人给面试官呈现的整体感觉和印象，包括但不限于候选人的发言、举止、行为、神态等。虽然面试官并不是人才测评和招聘方面的专家，但因为他一直在这家公司工作，每天都在跟同事、领导和下属打交道，对于"什么样的人最能融入公司"，"什么样的人最符合公司某个岗位的要求"，在感性层面还是有判断能力的。虽然这种感觉不一定100%准确，但对于社会阅历丰富的人来说，这种直觉判断大体上不会出错，所以这种凭感觉打分的方式也不能说不合理。

凭感觉打分可能就不会有分数的概念了。面试官会根据每个候选人的表现在心里做个排序，决定哪些人通过，哪些人淘汰。如果是多个面试官一起面的话，那面试结束后几个面试官会凑在一起交换下意见，最后决定谁入围谁淘汰，一般情况下这个内部讨论过程基本上不会有大的分歧。

4.1.4 无领导小组讨论的常见题型、解题思维与解题技巧

1. 常见题型

无领导小组讨论中的题目，从命题素材上可以划分成通用类问题和专业类问题两大类。

通用类问题几乎不涉及具体的行业、岗位、业务，解决问题的过程中也不需要依赖特定的专业知识。这类题目主要考察的是候选人的通用能力（即综合素质），比如沟通与表达、组织协调、组织领导、情绪控制、目标与结果导向、问题分析与解决、逻辑思维等能力。专业类问题一般则会涉及具体行业和业务知识。受限于篇幅，本书重点讲解通用类问题。

通用类问题按照任务或设问的形式，可以划分为5类。

（1）开放性问题

基本上跟单面问题没区别，只是从1对1回答变成了小组讨论。

> 你是如何理解"躺平"这个社会现象的？如何解决这个问题？

（2）两难/争议类问题

给你两个或多个观点，观点之间看起来是矛盾的，然后让你做选择。两个观点相互矛盾，就是两难；多个观点存在矛盾，就是争议。

> 有人说应届生就业一定要去大公司，平台大、起点高、发展好，将来跳槽时简历上有大公司背书，更有说服力；也有人说毕业要去小公

司，在大公司当螺丝钉，没存在感，在小公司才能得到充分的重视和锻炼，对自身能力的提升更有利。你认为哪个说法更有道理？

（3）选择／排序类问题

题干里会给多个选项，然后让你结合选项做排序或者选择，或者先做选择再排序。

2018年1月14日，你被调到某旅游饭店当总经理，上任后发现2017年第四季度没有完成上级下达的利润指标，原因是该饭店存在着许多影响利润指标完成的问题，它们是：

1. 食堂伙食差、职工意见大，餐饮部饮食缺乏特色，服务又不好，对外宾缺乏吸引力，造成外宾到其他饭店就餐；

2. 分管组织人事工作的党委副书记调离一个多月，人事安排无专人负责，不能调动职工积极性；

3. 客房、餐厅服务人员不懂外语，接待国外旅游者靠翻译；

4. 服务效率低，客房挂出"尽快打扫"门牌后，仍不能及时把房间整理干净，旅游外宾意见很大，纷纷投宿其他饭店；

5. 商品进货不当，造成有的商品脱销，有的商品积压；

6. 总服务台不能把市场信息、客房销售信息、财务收支信息、客人需求和意见等及时地传给总经理及客房部；

7. 旅游旺季不敢超额订房，生怕发生纠纷而影响饭店声誉；

8. 饭店对上级的报告中有弄虚作假、夸大成绩、掩盖缺点的现象，而实际上确定的利润指标根本不符合本饭店实际情况；

9. 仓库管理混乱，吃大锅饭，物资堆放不规则，失窃严重；

10. 任人唯亲，有些局、公司干部的无能子女被安排到重要的工作岗位上。

问：上述十项因素中，哪三项是造成去年第四季度利润指标不能完成的主要原因（只准列举三项）？请陈述你的理由。

（4）资源争夺类问题

这类问题的关键在于"争夺"二字，而想要达到争夺的效果，就可能出现两种情况。第一，每个考生拿到的资料不完全一样，一般是题干部分公开，材料部分有差异。第二，每个考生所代表的角色和立场不同，并且角色和立场要求他们努力争取有限的资源。

> 你们是公司薪酬委员会各个部门的代表，现在公司决定将一笔特殊的奖金授予工作表现出色的员工。公司的六个部门各自推荐了一名候选人，你们各自代表的是其中的一个部门。这笔奖金的数额是1万元人民币。虽然你们都希望所有的候选人都能得到这笔特殊的奖金，因为他们的表现都非常优秀，但公司的规定并不允许你们这样做，这笔奖金只能授予一等奖1人，二等奖2人。你们将会得到一份关于你们各自所代表部门候选人的事迹、年薪状况及其他一些情况的材料，并且你们已经和各自代表部门候选人的主管谈过，得知他们是有资格获得这笔奖金的。在委员会的讨论中，你们的任务是代表你们各自的候选人去争取更多的奖金，同时帮助薪酬委员会作出最合理的奖金分配决定。在讨论开始之前，你们有10分钟熟悉材料和准备的时间，然后有50分钟的时间用于讨论。在讨论结束的时候，必须得出一个一致性的意见，否则，任何部门候选人都将无法得到这笔奖金。

（5）操作类问题

给定小组一个任务，并且给予相应的资源，让你们动手解决一个问题或者达成一个目标。

> 给你们小组一把剪刀、一张A4纸，要求裁出一个完整的圈（不必须是圆形，但必须连贯，纸张不能断），让小组8个人同时通过。

这些问题中，前三类题是出现频率最高的，资源争夺类偶尔会见到，操作类问题现在已经很少见到了。

知识延伸

通用类问题，举例如下。

成功领导者的素质

做一个成功的领导者可能取决于各种各样的因素，如：

1. 能充分发挥下属的优势

2. 坚持原则又不失灵活性

3. 幽默

4. 独立、有主见

5. 有威严感

6. 善于鼓舞人

7. 处事公正

8. 办事能力强

9. 言谈举止有风度

10. 有亲和力

11. 善于沟通

12. 善于化解人际冲突

13. 能通观全局

14. 了解业务知识

15. 有明确的目标

16. 有决断力

问题：请选出你认为最重要的和最不重要的因素，并说明理由。

说明：这是一家国企。

流程：

1）5分钟的审题、思考时间；

2）1分钟的观点陈述时间；

3）15分钟的小组讨论时间；

4）5分钟总结。

海上救援

一艘在东海上航行的中国轮船不幸触礁，还有半个小时就要沉没了。船上有16人，具体是：

1. 船长，男，36岁

2. 船员，男，38岁

3. 盲童（音乐天才），男，10岁

4. 某公司经理，男，34岁

5. 副省长（博士），男，42岁

6. 省委副书记，女，52岁

7. 省委副书记的儿子（研究生、数学尖子），男，24岁

8. 某保险公司销售员，女，20岁

9. 生物学家（获国家重大科技进步奖），女，51岁

10. 生物学家的女儿（智力障碍者），女，14岁

11. 公安人员，女，25岁

12. 某外企外方总经理，男，38岁

13. 罪犯（孕妇），女，25岁

14. 医生，男，38岁

15. 护士，女，25岁

16. 因抢救他人而负伤的重病人（昏迷），女，25

问题：唯一的一只救生小船只能载6人，哪6个人应救上救生船呢？

要求：请同学们通过25分钟的自由讨论，在规定时间内得到一致结果，并选派一位代表陈述讨论的结果并说明理由（时间控制在5分钟）。

注意：开始讨论后，我们不参与任何交谈，也不提任何建议，讨论时可以进行简要的记录并选择使用房间内可以利用的设备和资源。主持人将通知何时开始和结束讨论。

能力与机遇

能力和机遇是成功路上的两个非常重要的因素，有人认为成功路上能力更重要，也有人认为成功路上机遇更重要，请给出你的答案。若只能倾向性地选择其中一项，您会选择哪一项？并至少列举5个支持您这一选择的理由。

面包难题

假设你是某公司的业务员，现在公司派你去偏远地区销毁一卡车的过期面包（过期但不会致命，无损于身体健康）。在行进的途中，刚好遇到一群饥饿的难民堵住了去路，因为他们坚信你所坐的卡车里有能吃的东西。这时报道难民动向的记者也刚好赶来。对于难民来说，他们肯定要解决饥饿问题；对于记者来说，他是要报道事实的；对于你业务员来说，你是要销毁面包的。

问题：现在要求你既要解决难民的饥饿问题，让他们吃这些过期的面包（不会致命，无损于身体健康），以便销毁这些面包，又要不让记者报道过期面包的这一事实？请问你将如何处理？ 说明：面包不会致命；不能贿赂记者；不能损害公司形象。

知识延伸

专业类问题，举例如下。

腾讯-微信产品

微信的产品经理需要在以下7个功能里面选3个作为微信下一步的迭代方向，如果是你，你会选哪3个？

1. 微信开启界面加广告；

2. 微信邮箱；

3. 微信控制电视机；

4. 微信减少5%的运行内存占用；

5. 微信做电商；

6. 微信减少10%的耗电；

7. 微信公众号加入直播功能。

要求：

1）全部材料已经给出，过程中不可向面试官提问；

2）每人2分钟自我介绍，25分钟阅读材料与自由讨论，5分钟总结陈述。

京东-TET管培

电商在一线城市竞争激烈，都要施行二三线城市下沉战略，这将会遇到以下问题。

1. 基础设施不完备, 如交通、公路等。

2. 物流: 只到达县级市。

3. 人才: 有互联网思维的人不愿意到二三线城市。

4. 本土化。

5. 盈利能力: 下沉战略前期的投入何时能收回? 二三线城市与一线城市消费者购买行为有何不同? 回答以上问题, 关乎下沉战略的成败。

6. 网购意识: 乡村居民网购意识弱。

小组组成一个团队, 讨论以上问题, 对重要性排序, 选出最重要的一个问题, 并提出解决措施。

网易-考拉产品

为考拉设计一种新的商业模式, 体现以人为本 (其中包括设计一个新功能, 阐述为什么要设计这个功能, 以及后期的运营方式)。

挑选一个初创商品或品类, 设计一个品牌, 讨论时间35分钟, 需要输出:

1) 挑选逻辑;

2) 如何打造品牌;

3) 初期营销方式;

4) 后期销售渠道和运营方式。

2. 解题思维——框架思维

在讲具体的解题技巧之前, 想先与大家分享应对无领导小组讨论的底层思维——框架思维。

所谓框架思维, 就是在解决问题的时候自上而下地构建一个框架范围以及结构。范围，限定了这个问题的边界和外延；结构，决定了这个问题解决时的程序和步骤。

这种框架思维运用在群面解题中，就与画画的原理类似。拿到一道题，先用"铅笔"勾勒一个框架：这个问题可以拆分成哪些小问题，这些小问题之间的关系是怎样的，哪些小问题与你要解决的大问题直接相关，哪些是间接相关甚至根本不相关（只是看起来相关），解决这些问题应该从哪个问题入手，逻辑是什么，是先易后难，还是简单后复杂，还是先直接后间接，等等。

拿一道具体的题目举例：

> 随着我国大学持续扩招，每年大学应届毕业生数量也逐年上涨。根据教育部数据统计：2021年国内应届毕业生数量达到909万，创历史新高。同时，新冠肺炎疫情等一系列因素也直接或间接地为应届生就业带来了一定的困难，应届生们也纷纷表示就业压力巨大，许多同学一毕业就面临失业，不得不选择在求职过程中"躺平"。
>
> 请问：应该如何有效地解决当前应届生就业难、失业率高的问题？
>
> 要求：2分钟阅读题目，每人1分钟发表个人观点，25分钟自由讨论。讨论结束前推选一人作为代表做总结陈词，总结陈词不超过5分钟。

对于多数没有框架思维的同学来说，看到这个题目会基于惯性去思考具体的解决方案，比如提供更多就业岗位、研究生扩招、岗位技能培训等。如果整个小组都是如此，那么整场讨论就像是一场"头脑风暴"，每个人都在想尽办法开脑洞，想各种点子。由于这是一道开放性问题，对答案没有任何限制和要求，所以同学们可能都在尽情地发散思维，提出解决办法。

1. 鼓励企业提供更多就业岗位，政府对这些企业给予补贴和税收上的优惠。

2. 开放更多见习和实习机会，为临近毕业的大学生提供更多近距离接触职场的机会，提供更多实习留用的机会。

3. 高校联合企业创建校内的就业实训基地，为毕业生提供迎合市场需求的技能提升和专业转换培训。

4. 鼓励毕业生到中西部地区、二三线城市甚至县乡镇级地区工作，提供落户、住房上的便利。

5. 鼓励毕业生进入中小型企业、小微型企业工作。

6. 扩大公务员、事业单位、特岗教师、三支一扶、社区工作者等社会公益性岗位的招聘数量。

7. 扩招研究生。

8. 鼓励毕业生出国留学深造。

9. 鼓励毕业生创业，为毕业生提供创业上的资金、场地以及配套政策上的支持。

10. 由各级政府人社部门牵头组织免费的大学生就业双选会。

11. 发动各类互联网招聘平台为应届生提供校招求职专场。

12. 发动企业HR为毕业生提供免费的就业辅导和职业规划服务。

13. 利用微信、微博、抖音、快手等新媒体方式，为毕业生提供准确及时的就业信息。

……

诸如上面的各种"点子"，只要时间充分，可以想出非常多的"点子"。但这些点子之间的关系很乱，有的观点其实是重复的，先后顺序上的逻辑也是错乱的，甚至很多点子本身经不起推敲。基于这样的思维方式，最后的总结陈词无非就是大量点子的罗列，逻辑上毫无条理可言的。

这种"直接对解决方案开脑洞、想点子，直接进入题目细节讨论"的思路，就是典型的没有框架的表现。那我们尝试用框架思维先给这道题勾勒一个轮廓。

大学生就业难、失业率高，这是一个综合性的社会问题，牵涉到方方面面，比如学校、企业、政府，绝对不是一方努力就可以解决的。所以最简单的框架，就是从与这个问题相关的各方入手，逐个角色去想办法。

学校

1. 高校联合企业创建校内的就业实训基地，为毕业生提供迎合市场需求的技能提升和专业转换培训。

2. 为毕业生提供免费的就业辅导和职业规划服务。

企业

1. 开放更多观摩、见习和实习机会，为临近毕业的大学生提供更多近距离接触职场的机会，提供更多实习留用的机会。

2. 发动企业HR为毕业生提供免费的就业辅导和职业规划服务。

政府

1. 给企业提供优惠和补贴，创造更多面向应届生的就业岗位。

2. 鼓励企业提供更多就业岗位，政府对这些企业予以补贴和税收上的优惠。

3. 直接把好处给学生，让学生的择业面更广，实现分流：（1）鼓励毕业生去中西部地区、二三线城市甚至县乡镇级地区工作，提供落户和住房上的便利及保障；（2）扩大公务员、事业单位、特岗教师、三支一扶、社区工作者等社会公益性岗位的招聘数量；（3）扩招研究生。

于是这个问题的框架就变成了这样：

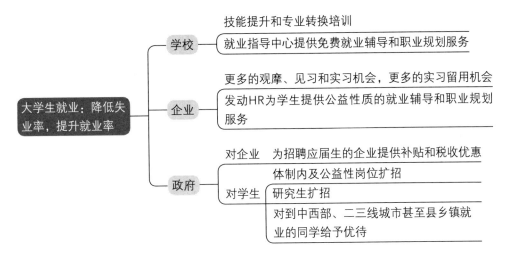

有的同学会说：这无非就是把上面的一些点子归了个类嘛，这就叫框架思维了？别急，还没完，接着看。

从学校、企业、政府这3个角色入手构建框架分析问题，算是非常常规的做法，稍微有点逻辑思维能力的人都能做到。我们尝试换个思路来理解大学生就业问题。

大学生就业，本质上就是供给和需求两端：供给端——应届生的数量，需求端——社会上面向大学生开放的岗位数量。

大学生就业难，失业率高，无非就是供给与需求之间不平衡了。所以解决问题就在于从供给和需求两端入手。

供给端

降低应届生数量。可以用分流的办法：

1. 最直观的办法就是研究生扩招，2021年我国研究生扩招数量就已经达到了120万，这对于当年909万的应届生来说已经是非常大的分流了，一下子就解决了不少应届生的就业问题。

2. 还可以鼓励学生留学深造，我国每年出国留学的人数在70万~80

万，并且在以每年5万～10万的数字持续增长。虽然其中有大量初高中就出国的孩子，分流效果不及研究生扩招，但仍是分流途径之一。

需求端

提高社会上面向大学生开放的岗位数量。这些岗位总体上可以分成两类：

1. 体制内：公务员、事业单位等。
2. 体制外：各类各层次企业。

基于这个思路，这道题又有了新的框架：

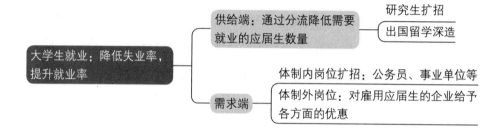

好了，问题分析到这已经出现两个框架了。虽然最终产出的"解决方案"要点有部分是交叉重叠的，但必须承认在分析思路以及思考问题的角度上是完全不同的，进而最终总结发言的逻辑是不一样的。

如果你正在一场群面中，那这时候就会产生一个问题：你们小组到底要采用哪个框架作为今天的讨论思路呢？框架1是A同学提出的，框架2是B同学提出的，各自都认为团队应该选用自己提出的框架，每个框架都有拥护者和反对者，还有一些人觉得哪个都有道理。但此时A同学和B同学都很清楚的是：必须说服团队采纳自己的建议，选用自己提出的框架，这样才算是有效发言。而且由于这个框架是自己提出的，一旦被采纳，整个讨论的进程就可以由自己把控和推进，这无疑对自己在群面中胜出有着决定性作用。于是A同学和B同学僵持不下，谁都不肯让步。这时候你会发现：整个讨论过程不再是开脑洞、天马行空地想点子了，而是在讨论到底哪个框架更合理，哪个框架梳理出的解决方案更有逻辑。而当讨论焦点聚焦到框架的时候，最终的总结发言一定是逻辑自洽的。

实质上，你会发现：提框架其实就是定方向、定基调。谁的框架被团队采纳，谁就掌握整场讨论的主动权。后续的各种具体内容，都只是在这个框架下进行填充、细化和完善，所有人的发言都是基于你的"启发"产生的。这就是领导的价值，就像西游记里取经的师徒四人一样：唐僧看起来是最没用的，但他却是最不可或缺的，因为只有他能给团队指明方向——往西。

理解了"框架"的价值和意义，基本上就可以得出一个结论：

无领导面试中自由讨论环节的讨论焦点，从来不是具体的内容、细节、解决方案（即从来不是开脑洞、天马行空地想点子），而是"框架"之争。

不管自由讨论环节是20分钟还是40分钟，你和你的团队应该：

把50%甚至70%的时间用来讨论框架是否合理，谁的框架更合理；然后花20%到40%的时间基于这个商量好的框架填充内容，形成最终的讨论结果；最后剩下10%的时间选出最终总结陈词的人，并且帮他把内容汇集和梳理好，再向面试官做正式汇报。

"框架思维"就是应届生在求职中必须有意识训练自己的一种思维素质，它不仅在群面中有用，在单面中也至关重要，在你将来进入工作岗位，以及长期的职业发展中都是不可或缺的一种思维素质。

看到这里，很多同学可能就会产生一个疑问：既然框架思维能帮我更好地应对群面问题，那有哪些框架是我可以快速学会并且拿来用的呢？

下面给大家介绍几个在群面里非常好用的问题分析框架。

（1）主体框架

前面分析大学生就业难问题中的第一个框架，就是典型的基于主体构建的分析框架。所谓主体，就是社会生活中的各个角色。具体到一个题目中，就是与这个问题的产生和解决相关的所有关联方，将他们按角色进行分类，然后分别思考每个主体在这个问题的解决中需要承担的责任义务，以及可以付诸的行动、措施。常规的主体包括：

◆ 国际社会和国际组织
◆ 国家政府以及相关部门
◆ 社会（社会中的各个阶层）
◆ 各类盈利和非营利性质的组织（比如企业、学校、公益组织、社会团队机构等）
◆ 家庭和个人

运用主体分析框架，需要注意的就是确保每个主体跟它所对应的责任和行动在逻辑上是对应关系，不要错配，比如让企业做了政府应该做的事，或者有些事看起来是应该企业做，但背后其实需要的是政府的引导，等等。

（2）内外因／主客观框架

分析问题还可以从内外因或者主客观的角度入手，进而构建分析和解决问题的框架。以前面的大学生就业题目为例。

内因：高校培养与企业需求之间的不匹配是长期存在的问题，同时人才供给量（应届毕业生人数增长）跟企业对人才需求量之间的矛盾也是一个长期问题。问题的解决需要以国家整体经济发展以及经济结构转型、增长方式的转变为基础。

外因：国际贸易摩擦、疫情和疫情防控对整体经济发展的影响，都是跟大学生就业息息相关的外部因素。

还可以利用主客观分析，聚焦学生自身。比如：

主观上：指的就是学生的就业意愿和择业观。很多学生不是不能就业，而是择业观有问题。比如：一味向往大企业大平台、高薪和高大上的岗位，对很多工作看不上、瞧不起；或者不愿意到二三线城市去，一味向往一线城市，等等。

客观上：学生自身能力跟企业需求的确存在不匹配的问题，这就需要学校、企业、政府一起想办法，弥合这个鸿沟。

（3）时间框架

基于时间维度构建框架也是个不错的思路。还是以前面的大学生就业的题目为例，我们可以构建一个短期、中期、长期三阶段式的框架。

短期：研究生扩招、公务员及公益性岗位扩招，都是可以快速缓解近一两年毕业生就业压力的措施。提供专业转换和技能提升培训，以及提供更好的就业辅导服务也是短期可以落地的有效举措。

中期：企业与高校联合构建实训基地，提供更多见习、观摩和实习机会，提高实习转正留用率，校企共建等，都是基于中期考虑的解决大学生就业难问题的措施。

长期：对全国产业布局进行调整，平衡产业分布；为中小企业提供更多支持，提升就业待遇，优化工作环境，吸引毕业生到中小企业工作等，这些都是面向逐年增加的应届生就业需求可以提前布局的长效措施。

（4）直接间接框架

任何问题的产生都有直接原因和间接原因。相应地，解决问题的思路也可以从直接和间接两个层面入手，框架就有了。

直接原因和措施：连年扩招致使应届生数量逐年增加，企业用人需求受到经济增速放缓以及疫情影响出现萎缩，高校人才培养与企业需求脱钩问题严重，这都是造成大学生就业难的直接原因。顺着这个思路提出解决方案，就是直接措施。

间接原因和措施：企业用工成本高，学生职业规划不明确、求职目标不清晰，区域经济发展不平衡等，都是造成大学生就业难的间接原因。同样地，顺着这个思路提解决方案，就可以归为间接措施。

（5）表里框架

分析一个问题可以由表及里。表层问题更显而易见，针对表层问题的措施更容易立竿见影，但治标不治本；核心问题更加隐蔽，但切中要害，针对核心问题提出解决措施更能治本，但大概率需要长时间酝酿才能见效，或者需要从顶层设计上做重构，工程量较大。

表层问题和措施：连年扩招致使应届生数量逐年增加，企业用人需求受到经济增速放缓以及疫情影响出现萎缩，这是直观可见的大学生就业难的表现。

核心问题和措施：归根结底，大学生就业难是"扩招带来的应届生数量增加"与"企业人才需求量减少"之间矛盾，这一矛盾的解决基本上只有2个思路，一是优化人才结构，可以建议学术教育和职业教育双轨制落地，为企业提供更匹配的人才；二是做大蛋糕，转变经济增长模式，实现产业升级，尤其是传统产业的信息化和数字化升级，创造更多能吸纳大学毕业生的智力型岗位。

（6）各类经典商业分析模型

除了前面介绍的5个通用框架外，一些经典的商业分析模型也可以拿来作为分析问题的框架，因为它们本身就是基于框架思维被设计出来的。比如：

PEST分析：这是从政治、经济、社会、技术四个方面构建的分析框架。你也可以把它理解成是一种"主体分析"，只不过这4个主体更抽象，并不是具体的角色。

SWOT分析：基于"内部的/外部的"和"有利的/不利的"这一组横纵轴构建的一个2×2的矩阵，把对一个问题的分析切割成了优势（内部的+有利的）、劣势（内部的+不利的）、机会（外部的+有利的）、威胁（外部的+不利的）4个维度。

几乎绝大多数的分析模型，包括但不限于5W2H、BCG矩阵、波特五力模型、4P营销理论、杜邦分析、成本/收益分析、AARRR模型、漏斗分析等，都可以用在无领导小组讨论中。

3. 解题技巧

如果你已经充分理解了什么叫框架思维以及它的运用技巧，接下来就可以借助这个思维工具，研究每一类群面题的解题技巧了。

（1）开放类问题

群面问题没有唯一答案，本质上就是指任何问题都没有唯一的框架。而这一点在开放性问题中体现得最为明显。

解决开放性问题，就是三个步骤：

第一，仔细审题，充分理解题目的内容和要求，迅速联想到一些与题目相关的背景知识，以及基于这些知识可以构建出哪些框架。

第二，构建框架，可以是一个，也可以多几个。如果是多个，心里一定要有个最优选。

第三，基于框架延伸出具体的内容，充分调动组员的积极性，让大家踊跃发言，在你的框架下添枝加叶，让讨论过程在有效的组织、清晰的逻辑下高效进行，最终产出一个高质量的、逻辑自洽的、有说服力的总结发言。

前面我通过"大学生就业问题"的例题，已经将开放类问题的解法介绍得很详细了，这里就不再重复了。

（2）两难/争议类问题

这类问题中给出的观点无论是几个，基本上都不太会让你看出某个观点明显是错的，某个明显是对的。本质上，不同的观点就是基于不同立场或者不同视角得出的。观点不同的背后，实则是框架的不同。

理解了命题原理，解题技巧就显而易见了：不要去争辩哪个观点对，哪个观点错，本来就不存在对错，面试官也不想知道对错，也不想看到你们整场讨论都在围绕对错争辩。你们需要跳出观点，从问题的本质出发构建框架，依旧是讨论框架的合理性，然后结合框架去评估哪个观点与之更匹配、更符合，最后选出你们的答案，而选择这个答案的理由就是你们讨论并确定的框架。实际上，框架就是你们用以评估这些争议观点合理性的标准。只要这个标准是团队所有人都认可的，那么基于这个标准选出来的观点，无论在事实上到底正确与否，至少逻辑上是自洽的，这就足够了。

来看个例题：

> 有人说应届生就业一定要去大公司，平台大、起点高，发展更好，将来跳槽时简历上有大公司背书，更有说服力；也有人说毕业要去小公司，在大公司当螺丝钉，没存在感，小公司才能得到充分的重视和锻炼，对自身能力的提升更有利。你认为哪个说法更有道理？

我尽量选择跟同学们切身相关的例题，便于大家感知。很容易看出，这两个观点没有明显对错之分，两个观点的支持人数恐怕是差不多的。去大公司还是小公司，归根结底是不同人基于自身情况和对未来的考虑做出的不同选择。立场不同，视角不同，需求不同，甚至成长经历上的不同，致使选择出现的分化。如果这是在群面考场上，两边观点分立，双方从讨论变成了辩论，都想着让对方认同观点本身，那基本上不可能有结果，因为矛盾不在于观点本身，而在于观点背后的那个选择标准，也就是框架。

跳出题目给定的2个观点，基于"应届生的职业选择"这个问题构建框架，形成小组一致认同的标准，然后凭着这个标准选择你们的结论，这才是正确的讨论思路。先不说这个框架最终到底采纳谁的，仅是在群面考场上能把这个讨论的思路定下来，就已经是掌控了全场。

这里咱们就以时间维度来构建这个框架，即从应届生职业发展的短期、中期和长期需求与收益来看待大公司和小公司哪个是更优选项，进而评估哪个观点更合理。

短期

应届生短期（入职后的2年内）的职业发展需求虽然很多，但核心需求我认为有3点。

第一，良好的人际氛围。应届生从学生到职场人的蜕变短则3个月，长则半年。这个阶段在心态上、角色认知上、行为习惯上、思维模式上都会发生很大的变化。对于这个阶段的学生来说，最难的不是完成领导交代的工作任务，而是完成角色蜕变。而良好的人际氛围是帮助学生度过这个阶段的基础。大公司校园招聘的人员数量往往比较大，同届进入公司的人既是同事，也更像同学。虽然从学校换到职场，但身边的人还是同期毕业的同学，亲近感自然更强，这就对冲了由于环境切换带来的陌生感和不适应感。而小公司往往校招规模很小甚至没有校招，很难在这方面给应届生心理上的支持。

第二，健全的培养体系。这里所说的健全的培养体系，是指公司真的愿意培养人，愿意给新人机会，尤其是试错和犯错的机会。当新人犯错时，公司有能力兜底，并且愿意给新人更多的时间去适应和成长。在这一点上，大公司有绝对的优势。小公司的容错率相对要低很多，所以在用人上更结果导向，如果不能带来确定的结果，公司不太会愿意给新人试错的空间。

第三，一份稳定的收入。收入不是一切，但的确是公司对个人价值的一种直观的认可。收入高的工作不一定就好，但是收入太低的工作不能称之为好工作。

中期

工作2年后，才能算是一个成熟的职业人。这时候最大的诉求就是能带个小规模的团队，或者独立地做一点能出成绩的事情。在这一点上，大公司和小公司可能拉不开差距，各有千秋，甚至有的小公司更有优势。

长期

至于长期（5年以后）的职业发展，其实是很难评估的，这个阶段往往会分化明显，不同的诉求产生不同的路径。有的人想要工作跟生活的平衡，有的人想要追求高薪、高职位和高影响力，有的人则想在某个领域里成为专家，还有的人可能干脆想跳出企业做自由职业者或者回学校深造，等等。有些诉求可能在大企业更容易实现，有的则是小企业更合适。所以从长期职业发展来看，需要具体到每个人的实际情况，所以到底是去大公司还是小公司，并没有明显的优劣之分。

基于以上分析，基本上可以得出结论：**从短期职业发展角度看，大公司的优势更明显；从中期职业发展看，两者各有千秋；从长期职业发展看，个体选择的重要性要远高于大公司和小公司之间选择的重要性。**

你和你的团队便可以将以上分析框架运用在讨论当中，并得出相应的结论。其实关键就在于你们得出结论的理由，也就是分析框架。

（3）选择／排序类问题

本质上就是把两难／争议类问题的选项从两个增加到多个，题目要求从二选一／多选一变成多选多，或者直接让你对所有选项做个排序。

选择/排序类问题的题目任务要求一般有3种情况。

① 多选多：让你们在给定的多个选项中选择你们认可的N个选项，一般$N=3$。

② 做排序：直接在给定的N个选项中做排序，一般$N \leqslant 5$。

③ 先选择，再排序：在给定的多个选项中先选出N个你们认可的（一般$N \leqslant 5$），再将这N个选项做排序。

解题的思路依旧是构建框架。联系前面讲两难/争议类问题的思路，一样是通过构建框架来形成对选项做选择和排序的标准。只要框架合理，标准就是合理的；只要标准合理了，最终的选项就是能自圆其说的。所以整场讨论过程还是围绕框架的合理性展开。直接看例题。

2018年1月14日，你被调到某旅游饭店当总经理，上任后发现2017年第四季度没有完成上级下达的利润指标，原因是该饭店存在着许多影响利润指标完成的问题，它们是：

1. 食堂伙食差、职工意见大，餐饮部饮食缺乏特色，服务又不好，对外宾缺乏吸引力，造成外宾到其他饭店就餐；

2. 分管组织人事工作的党委副书记调离一个多月，人事安排无专人负责，不能调动职工积极性；

3. 客房、餐厅服务人员不懂外语，接待国外旅游者靠翻译；

4. 服务效率低，客房挂出"尽快打扫"门牌后，仍不能及时把房间整理干净，旅游外宾意见很大，纷纷投宿其他饭店；

5. 商品进货不当，造成有的商品脱销，有的商品积压；

6. 总服务台不能把市场信息、客房销售信息、财务收支信息、客人需求和意见等及时地传给总经理及客房部；

7. 旅游旺季不敢超额订房，生怕发生纠纷而影响饭店声誉；

8. 饭店对上级的报告中有弄虚作假、夸大成绩、掩盖缺点的现象，而实际上确定的利润指标根本不符合本饭店实际情况；

9. 仓库管理混乱，吃大锅饭，物资堆放不规则，失窃严重；

10. 任人唯亲，有些局、公司干部的无能子女被安排到重要的工作岗位上。

请问：上述十项因素中，哪三项是造成去年第四季度利润指标不能完成的主要原因（只准列举三项）？请陈述你的理由。

提供几个框架思路：

框架一：利润=收入-成本

利润=收入-成本，这是一个基本常识。题目中提到"第四季度利润指标未达成"，基于这个公式就可以分别从"收入""成本"以及"利润"这3个方面去找原因。

◆ 利润：是不是存在指标设定不合理的情况，也就是无论如何指标都是不可能达成的。

◆ 收入：收入降低导致利润降低，所以未达到预期。

◆ 成本：成本增加导致利润降低，所以未达到预期。

回到10个选项中，很明显：

◆ 利润：选项8属于利润本身的问题，一开始的指标设定就不合理。

◆ 收入：选项1、4、7属于直接影响收入的问题。

◆ 成本：选项5、9属于直接影响成本的问题。

不过，题目要求只选3项，所以"收入"和"成本"需要进一步做选择，这时候就需要根据每个选项对收入和成本影响的程度大小来判断了。注意，不要纠结选项本身，还是构建框架，把框架作为评判标准。

　　收入方面：一家酒店的收入主要可以拆成"住"和"吃"两部分，其中"住"通常占大头。所以如果这家酒店第四季度收入降低了，那么住宿类收入的降低应该是影响最大的。选项4和7是跟住宿收入直接相关的，所以可以把1排除掉。再比较选项4和7，住过酒店的同学都知道，超额订房即便付款也是订金，顾客不入住是可以退的，所以这部分收入只能算是"预收款"而不是酒店的确认收入。相比之下，选项4中客户入住后又退房，这是实打实地把收进来的房费又退了出去，直接影响了酒店住宿收入。所以最终确定对酒店四季度收入下滑影响最大的因素应该是选项4。

　　成本方面：客户在酒店住宿期间消费的东西主要是"吃"和"用"两方面，都属于快速消费品范畴。这类商品的特点是快进快出，不压货，周转速度很快。所以如果进货出现问题，导致库存积压，货品无法快速周转，那么这部分成本的开支就会直接影响最终利润指标。基于这个原理，可以判断选项5对成本的影响更为直接。

　　综上，影响利润指标本身的选项8，导致收入下降的选项4，以及导致成本增加的选项5，就是导致该酒店第四季度利润指标无法达成的三个最重要原因。

　　整个分析是一层一层推进的，并且每一层分析都是先构建框架，再以此为标准去看哪个选项更合理，而不是就着选项本身去争论。事实上，题目中给定的十个选项都跟该酒店第四季度利润指标未达成有直接或间接的关系，没有一个选项是明显对或者明显错的。单就某个选项去争论对错和优劣，就好比一个南方人和一个北方人争论到底是甜粽子好吃还是咸粽子好吃一样，没有任何意义，也不可能争出一个共识的结论。

框架二：表里（表面问题和核心问题）

仔细观察题中给定的十个选项，我们可以基于问题表象和问题本质这个框架对选项做个分类。

◆ 选项1、3、4、5、6、7、9都是酒店在经营和服务中存在的问题表象。

◆ 选项2、8、10都是底层的管理问题。

基于这个分类，我们就可以得出结论：

企业在经营中出现的所有问题，本质上都是管理问题。选项2、8、10直指该酒店在人事管理中存在的问题，所以2、8、10是导致该酒店第四季度利润指标未能达成预期的3个重要原因。

框架三：时间维度

仔细审题可以发现：该酒店第四季度指标未达成，潜台词就是前三季度达成了。给定的10个选项中，一部分是典型的长期存在的问题，一部分则是明显带有"时效性"的问题。所以我们可以基于时间维度的框架，把这些带有"时效性"特征的选项找出来，这些"变量"就是导致该酒店第四季度利润指标未达成预期的直接原因。

选项2、5、7是明显带有这种"时效性"的"变量"，所以这3个选项就是导致该酒店第四季度利润指标未达成预期的主要原因。

构建框架，确定标准，筛选合理的选项，让整个解题和答题过程逻辑自洽，能够自圆其说，这就是所有选择/排序类问题的解题技巧。

（4）资源争夺类问题

前面介绍资源争夺类问题时提到过，这类题目的核心在于"争夺"。直接看例题。

　　你们是公司薪酬委员会各个部门的代表，现在公司决定将一笔特殊的奖金授予工作表现出色的员工。公司的六个部门各自推荐了一名候选人，你们各自代表的是其中的一个部门。这笔奖金的数额是1万元人民币。虽然你们都希望所有的候选人都能得到这笔特殊的奖金，因为他们的表现都非常优秀，但公司的规定并不允许你们这样做，这笔奖金只能授予一等奖1人，二等奖2人。你们将会得到一份关于你们各自所代表部门候选人的事迹、年薪状况及其他一些情况的材料，并且你们已经和各自代表部门候选人的主管谈过，得知他们是有资格获得这笔奖金的。在委员会的讨论中，你们的任务是代表你们各自的候选人去争取更多的奖金，同时帮助薪酬委员会作出最合理的奖金分配决定。在讨论开始之前，你们有10分钟熟悉材料和准备的时间，然后有50分钟的时间用于讨论。在讨论结束的时候，必须得出一个一致性的意见，否则，任何部门候选人都将无法得到这笔奖金。

这里我不列出这6个候选人的资料，只谈解题思路。通过分析题目，可以将问题进行拆解。

◆ 我们可以把6个候选人理解成6个选项，而且每个选项都是合理的（每个候选人都是优秀的）

◆ 一等奖1人，二等奖2人，就是在6个选项中选3个，并且排序。

是不是似曾相识，这就是选择/排序题呀！

同理，每个候选人都很优秀，每个考生都要代表自己的候选人去争取这笔奖金。如果这时候大家都在极力地劝说他人，试图让大家一致认可"我的候选人是最优秀的"，那永远不可能达成共识。

所以，资源争夺类问题的解题思路，与选择/排序题一样，还是构建框架。以前面这道题为例：

> 无功不受禄。既然要奖励，一定是基于一个特定的理由。奖励的理由不同，对候选人的筛选标准就不同。有的题可能会说明奖励理由，但例题并没有说明，就需要考生先拟定一个理由。有了理由，就可以基于这个理由构建框架，框架就是评估的标准，评估每个候选人是不是符合接受这份奖励的标准。
>
> 如果是业绩奖励，那就要看谁的业绩贡献大，按照业绩贡献度做排序；如果是工作态度奖励，那就要把"工作态度"继续向下拆分，明确"工作态度好"的具体行为，然后看哪个候选人践行"好行为"更多，哪个人就应该给予更多奖励。
>
> 以此类推，基于你们小组拟定的奖励理由，构建框架，然后基于这个标准逐个给候选人打分，最终决定谁是一等奖，谁是二等奖。

（5）操作类问题

操作类问题在无领导面试中出现的频率越来越低，已经很难见到了。操作类问题的具体任务也是千奇百怪，毫无规律可言。这类题目主要是以动手的任务为主，所以讨论部分更多聚焦于办法的可行性，最多会涉及一些发言技巧，这部分技巧会在下一节中讲解。

4.1.5 无领导小组讨论中的高频场景与应对技巧

无领导小组讨论面试不存在所谓的角色，每个人都应该是讨论的推动者。

如果说，上一小节的解题技巧是通过"输出对解题有帮助的想法，在内容层面推动讨论的进行"，那么这一小节的内容就是"在行为层面上推动讨论的进行"。尽管你没办法在解题上给团队提供好的框架、思路、想法，或者补充一些相关的专业知识，但你可以通过自己的发言和行为，提升讨论效率，推动讨论进程，确保最终任务的达成。具体可以包括：

- ◆ 拆分讨论议题，切割讨论时间，并严格把控时间节奏，避免超时；
- ◆ 总结和决断，确认阶段性结论形成，推动讨论进入下个议题；
- ◆ 调和分歧，促成共识；
- ◆ 启发和激励他人；
- ◆ 重申任务目标，纠偏避免跑题；
- ◆ 叫停过于细枝末节的讨论，提升讨论效率；
- ◆ 捕捉细节，提醒大家遗漏掉的关键信息；

……

很多同学都喜欢问我"群面中应该怎么发言""别人打断我怎么办""我想反驳又不敢"等问题。但语言博大精深，所有的发言都要合情合景，脱离情境总结的发言技巧一定是毫无实用性的。

下面这张表是我总结的群面中最为高频的18个场景，以及每个场景下的应对技巧。

场景	谁	什么情况下	你应该（如何应对）
1	别人	发言的时候	倾听、给予对方眼神关注，对内容认可时点头示意，在草稿纸上记录有价值的要点和关键词
2	别人	发言过长、跑题、过于细枝末节（耽误时间，影响讨论效率）的时候	及时礼貌打断，重申并明确讨论主题和框架，提炼对方发言中有价值的内容提醒团队成员注意，给其他人发言机会，提示对方不要过于沉溺细节
3	别人	发言有价值，跟你的观点契合，引起你（或者其他人）共鸣的时候	不要抢话，不要急于打断对方来表达自己的认同，让对方把话说完；如果其他人这么做了，提示他让对方先把话说完；记录有价值的信息，等对方发言结束后再做补充，加强这个观点

续表

场景	谁	什么情况下	你应该（如何应对）
4	别人	发言跟你的观点不一致，甚至有明显错误的时候	不要急于打断对方，听完对方的发言和论述，找到其中存在的问题，准备好反驳的论据，以及基于这个依据提出你认为正确的观点（只反驳不建议的发言是无效发言）。确认对方发言完毕后，再反驳和进一步提出自己的观点
5	别人	不讲话，不发言，全场沉默，毫无存在感，参与度很低的时候	征询对方的意见，鼓励对方表达自己的想法，提炼其发言中有价值的信息予以一定的认同和加强，提醒团队注意这些有价值的发言，并再次鼓励对方多发言、多表达自己的观点和想法
6	别人	跟团队意见相左的时候	中和双方观点，分析分歧的本质。如果讨论时间所剩不多，提示对方顾全大局，尽快形成共识，甚至接受团队观点
7	别人	礼貌性地打断你，反驳你的时候	听对方说，对的就接受，不对的就礼貌反驳
8	别人	无礼地打断你发言的时候	提醒对方"不好意思，可以先让我把话说完吗？"
9	你自己	发言的时候	尝试跟所有人做眼神交流，通过对方的神情找到与你观点契合的人，形成观点同盟，并以此为例扩大同盟范围，逐步推动整个团队形成观点上的共识
10	你自己	不发言的时候	聆听其他人的发言，给予眼神上的关注和交流，记录有价值的信息，思考这些观点。你认同的，予以加强；不认同的，予以反驳；有漏洞的，予以补充
11	你自己	没话说的时候	聆听其他人的发言，给予眼神上的关注和交流，记录有价值的信息，思考这些观点。你认同的，予以加强；不认同的，予以反驳；有漏洞的，予以补充。回到题目本身，看看有没有团队忽略的细节信息；思考还有没有新的观点甚至新的框架；回想过往经历，有没有跟题目相关的外部知识可以分享给大家

场景	谁	什么情况下	你应该（如何应对）
12	你自己	跟其他人有分歧的时候	不急于打断对方，完整听完对方的论述，找到其中存在的问题，准备好反驳的论据，以及你认为正确的思路和观点；确认对方表达完毕后，先肯定对方发言的价值，再针对不认可的部分做反驳
13	你自己	跟团队意见相左的时候	分析分歧的本质，说服团队接受你的观点或者观点中的一部分，试着中和两个观点，形成共识；如果时间所剩不多，在最后关头要勇于妥协，接受团队观点，确保讨论任务的达成，不至于超时
14	团队	沉默、没头绪，没思路的时候	好好审题，抛砖引玉，给大家提供讨论线索和思路。提供解题框架，把大问题拆分成子问题，基于框架切割讨论时间。讨论中留意时间，在相应的时间节点上提醒大家尽快达成共识，推动子议题结论的落地，使讨论按照既定的议程进入下一个子议题，进而把控整场讨论节奏
15	团队	有分歧的时候	分析分歧背后是根本性的分歧，还是细节上的分歧；抓大放小，中和观点，消除分歧部分，强化共识部分，推动观点形成一致
16	团队	时间不够了，讨论节奏太慢的时候	提醒团队注意时间，快速定结论；抓大放小，重申任务和主题，让大家不要纠结于无意义的细枝末节；在大家犹豫不决的时候果断决策，任选一个作为最终结论
17	团队	在某个问题上僵持不下，无法形成阶段性结论，无法推动讨论进入下一个议题时	提醒团队注意时间，快速定结论；抓大放小，重申任务和主题，让大家不要纠结于无意义的细枝末节；在大家犹豫不决的时候果断决策，任选一个作为最终结论
18	团队	讨论即将结束的时候	贡献自己所记录的观点（做隐形发言人），推举总结陈词的人选；提醒所有人为其提供记录素材；给对方足够的时间打腹稿、做准备；建议发言人提前在组内做模拟汇报

表里列出的技巧不重要，重要的是场景。你需要去实际参加群面，亲身体验，然后跟表里提到的场景一个个对号入座，看看是不是这个情况，再把表里给出的应对技巧用上。

另外，针对几个具体问题，我再稍微展开讲解。

1. 关于反驳

很多同学不敢反驳，不知道该不该、能不能反驳，只要有必要，就可以反驳，这没有问题。群面对事不对人，讨论问题、解决问题并达成任务目标永远是核心，人际关系只是手段，不是目的。

但反驳对方观点时确实要注意2个技巧。

① 先澄清，再肯定，然后再否定。

澄清：就是先跟对方核实下你所理解的跟对方所表达的是不是一个意思。先澄清就是确保双方不存在误解，你的反驳是有基础的。

肯定与否定：反驳对方最好是先肯定对方发言中有价值的、你认可的部分，然后再反驳你不认可的部分。群面答案没有对错之分，既然不是非黑即白的对错问题，就不应该有全盘否定的反驳。如果真出现了全盘都应该被否定的错误发言，那么不用你反驳，所有人都会打断他的。

② 反驳后，给建议。

只提问题，不提建议，这种发言是典型的无效发言。准备反驳对方之前，一定要准备好你认为正确的观点或者思路，确保你的发言不仅指出了问题，更提供了建设性的思路，这才是群面中有价值的有效发言。

理解了这两个技巧，剩下的就是在组织语言时注意使用礼貌性用语了。遵循基本礼节就够了，没必要太过于客套。群面时间有限，大家发言还是要注意效率。而且过于客套容易让人感到疏远，也让人觉得不真诚。

2. 关于跑题

应届生在群面的讨论中非常容易跑题，纠偏跑题是一个特别能帮到团队的做法。常见的跑题有3种情况。

① 偏离题目要求。这个无需多解释，讨论的出发点就不对，这种是一定要纠偏的。比如：

> 我没理解错的话，这道题的意思是……所以××同学我认为你的理解可能有点偏差，不知道其他同学是怎么看的？

② 讨论过程中逐渐偏离了确定好的框架。这是讨论过程中出现的问题，大家经过激烈讨论终于确定了问题分析框架，但由于个别人对框架理解不准确，导致分析某个子议题的时候偏离既定的框架，这个也是常见的跑题，要及时纠偏。比如：

> 咱们一开始确定的框架和思路是……而刚刚××同学提到的是……我认为这里逻辑上可能有点偏差，不知道其他同学是怎么看的？

③ 过于沉溺细节。比如：这边还在讨论一个产品的推广到底是用微信还是用微博，那边已经在讨论微信文章用什么标题了。群面题往往不会要求细节到这个地步，即便要求了，也不应该在这个时间点上讨论，所以这也算是跑题的一种。

> 不好意思××同学，我觉得你们刚才提到的这些都太细节了。咱们现在的讨论应该还没进行到这里，我觉得咱们最好先把×××问题确定

下来，然后再花点时间集中讨论你刚才提到的问题，你觉得怎么样?

3. 关于计时

群面考场上不需要只会报时的闹钟,很多坑人的面试经验还专门给这个角色起了个洋气的名字：time keeper（时间管理者）。但这并不是说计时不重要，相反，把控时间很重要，但一定要结合讨论的内容。比如：

> 各位同学，我刚扫了一眼表，时间已经过去8分钟了，也就是说咱们的讨论已经进行了三分之一了。按照一开始确定的框架和思路，我们需要确定4个问题，目前第一个问题还没有形成共识，但时间已经过去三分之一了，我建议咱们应该迅速形成共识，开始下一个议题的讨论。刚刚我也仔细记录了各位同学的发言，目前来看咱们针对第一个议题其实就是两个观点：第一个是……第二个是……两个观点其实本质上是一致的，只是细节上有差别，我认为可以把两者中和一下，把观点1里的×××和观点2里的×××整合成一个统一的观点，快速形成共识，大家觉得如何?

这样的计时员，才是对团队有帮助的人；这样的计时发言，才是群面中的有效发言。

4. 发言频次和时长

群面发言并不是越多越好，而是有效发言越多越好。所谓有效发言，是指对讨论进程有推动作用的发言：提框架，提思路，补充信息，提醒时间，消除分歧，形成共识，纠偏跑题，反驳错误观点,等等。只要是对最终问题解决和共识形成有帮助的发言，都算是有效发言。

另外，强烈建议同学们发言的时候不要做长篇大论，尽量精练，言简意赅，提高每次发言的信息价值。不要为了拖时长，显得自己很能说，堆积很多无效信息，这种发言不仅不能给面试官留下好印象，反而浪费团队时间，让组员反感。

5. 最好的武器：团队和任务

群面中有2个最有效的武器，它们能让你的行为和发言都"师出有名"：一个是团队，一个是任务。如果你担心自己的发言可能会站不住脚，被别人反驳，或者说服力不强，那就可以借团队或任务作为发言的前提，来争取更多的认同和支持。

团队：就是团结大多数，当你发言的时候（提出新想法，提建议，反驳他人等都可以），把自己的想法说清楚之后可以征询下其他人的意见，引导大家依照你的发言方向继续讨论。比如：

> 不知道其他同学都是怎么想的？大家觉得我的想法可行么？ 咱们要不要顺着我刚说的这个思路往下讨论试试？

甚至你可以直接点名跟你观点一致的"盟友"发言，把发言权交到他（或者他们）手里，两三个人之间像传接力棒一样打配合，这样效果更好。

任务：就是从题目要求和任务达成的角度出发，强调自己这么说（发言内容）是基于题目和任务要求考虑的。尤其是有的同学反驳他人时总是怯怯的，没这个胆量，生怕自己说错话得罪人。这时候你就可以以"任务"之名发言，确保自己的发言立得住。比如：

> 不好意思××同学，咱们的讨论时间已经所剩不多了，但还有2个小问题没有解决，我认为这个时间不太适合讨论这么细节的问题，否则可

能会影响到咱们整个团队任务的达成。所以我建议咱们先把剩下的2个问题讨论一下，快速形成结论。如果还有时间的话，可以就你刚才提到的细节一起讨论下，你觉得怎么样？

6. 心态

群面之难，难在千变万化。不同的题目，不同的队友，你所面临的场面都不一样。群面是一场竞合游戏，而不是零和博弈。它不是你一个人独角戏，不是你掌控全场就一定能胜出。群面是"大家好，你也好；你让大家更好，所以你更好"的逻辑。有了这个认知，你才能理解前面我所讲的行为技巧，确保在实战中的战术动作不变形。

4.2　单面

顾名思义，面试官与候选人之间1对1的面试形式就是单面。有些公司也会采用多个面试官面试一个候选人的形式，理论上都是单面。像公务员和事业单位中采用的5～9名面试官面试一个候选人的结构化面试，以及在公司面试中由企业HR和业务部门负责人共同面试一个候选人的交叉面试，都属于单面。

大部分企业的面试都是采用单面的形式。大企业复杂一些，会有多轮面试，通常也是把群面放在前面，后续还是多轮单面。所以多数情况下，群面是用来评估候选人能否进入后续单面环节的，而单面才是评估到底要不要给候选人offer的。

4.2.1　单面中的面试官

单面的面试官通常会有3类人。

1. HR

HR面一般会出现在第一轮和最后一轮单面中。

出现在第一轮的时候，面试的主要目的有3个。

一是核对候选人的基本情况，确认候选人的实际情况跟简历中的描述基本符合，不存在造假问题。二是通过沟通了解候选人的综合素质，包括但不限于沟通表达、形象礼仪、性格特点等，以及候选人的求职意向和动机。三是预约下一次面试的安排，并且提前将这次面试中了解到的情况同步给下一轮面试官。

如果HR出现在最终轮单面的话，那么面试的目的会聚焦在两个方面。

一是在价值观层面评估候选人是否跟企业合得来，判断候选人短期是否能快速融入组织，长期是否足够稳定。二就是薪资谈判，确保候选人能够接受offer，准时入职，不放鸽子。

2. **业务部门员工或负责人（主管、经理、总监）**

这一层面的面试通常称作业务面。业务面一般是在HR面试后进行，岗位不同轮次从一轮到多轮都有可能，每轮面试官的级别也会越来越高，或者干脆多个面试官一起面（交叉面），一轮面完。

业务面的目的就是评估候选人跟岗位的匹配度，不同岗位的评判标准不同，大体上包括这么几个方面。

一是能力上是否匹配。

这里包括了诸如"专注""敏感""细致"等形容词体现出的品质，也包括了像是"办公软件""数据分析""Java编程""商务谈判"等一系列具体的技能。简单地说就是"这个人能不能做这份工作以及能不能做好"的问题。

二是知识上是否匹配。

有些工作对候选人的专业知识背景有一定要求，比如财会、人力资源、市场营销、视觉设计、科学养殖、航空火箭动力系统设计等。这些专业知识可能是通过大学相关专业的学习获取的，也可以是通过专业认证学习的，甚至可以是自学成才（只要企业认可这种学习成果）。

三是经验上是否匹配。

光有技能和知识，没用过也不太靠谱。有些工作（尤其是社招）会要求候选人有相关工作经验，一方面省了入职后的培训，另一方面也可能是工作本身要求候选人必须有一定经验，仅凭理论知识不足以胜任实际工作任务。

其他方面包括通用能力上是否匹配，求职动机、性格特质、成就动机和价值观等方面是否匹配。

对于多数企业和岗位来说，业务面的结果对于"最终是否要录用这个候选人"的决定影响是最大的。

3. 高管、大领导

这一层面大概率就是终面。这类面试一般在HR薪资谈判之前。如果最后HR只是谈薪资和offer细节的话，那这一轮就是终面了。这类面试官在面试中最关心两类问题。

◆ **短期看**：这个人能不能融入公司、融入团队，能不能给现有团队带来新的改变。
◆ **长期看**：这个人值不值得培养，有没有发展潜力和培养价值。

所以通常情况下这些"大佬们"的面试会让你觉得很虚，问的都是一些"似是而非"的问题，甚至对于"你到底能不能胜任这份工作"不是很关注，这是很正常的。

4.2.2 单面题目的题型分类、命题原理及回答要点

人才测评技术是一门成熟的学科，从面试题的命题原理出发，单面题可以分成六大类。

1. 智能性问题

通过询问你对一个具体事物（包括但不限于事件、现象、政策、问题、行为，以及产品、业务、岗位，甚至是一个人）的看法、态度、观点、理解、感受等，评估你思考问题的深度和广度，以及相应的逻辑思维能力，综合分析能力。例如：

> 现如今，很多年轻人都选择或者倾向于选择"躺平"，你是怎么看待"躺平"这种现象的？
>
> 有人说应届生毕业一定要去头部大公司，也有人说小公司更锻炼人，你是怎么想的？

此外，多数的专业类问题都是智能性问题。比如：

• 对行业的理解

> 你认为5G下的直播行业还有哪些新机会？为什么？
>
> 什么是工业互联网？你认为白电行业有哪些地方适合做互联网改造？

- 对公司、业务、产品的理解

你了解我们公司吗？你知道跟我们同类的竞品都有哪些吗？你觉得我们跟竞品最核心的差别是什么？

你平时都会用哪些社交软件？哪一个是你用得最多的？如果让你给这个产品提一项优化建议，你会提什么建议？

- 对岗位的理解

谈谈你对审计工作的理解？你觉得一个合格的审计师必须具备哪些素质？

你认为研发工程师需要懂客户、懂市场么？为什么？

- 专业知识

主流的前端框架都有哪些？React16有哪些新特性？

什么是用户体验设计？怎样才能做好用户体验设计？

非专业类的智能性问题一般都没有标准答案，专业题中除非是问到专业概念，否则也没有标准答案，关键还是看你回答内容的逻辑是否自洽，能不能自圆其说。所以本质上智能性问题就是在考察两件事。

（1）知识储备，间接体现求职动机

如果是问专业知识点和概念，那就是看你学艺精不精了；如果是一些对行业、公司、产品、业务、岗位的理解和认知，那就是看你到底是不是真的关心这个方向。一个真正对某个行业、业务、产品、岗位感兴趣的人，会想尽各种办法去了解相关知识。被问到的时候会带着很强的感染力向对方讲述自己了解到的所有信息，而且这种感染力是能通过语言、神态、表情、肢体、眼神等让对方真切感受到的。

（2）语言表达，间接体现逻辑思维

语言就是思维的外化，思维就是语言的源头。面试官可以通过你的回答直接判断你的表达能力，也能看到与之相对应的思维能力。

智能性问题的回答没有太多技巧可言，关键还是脑子里要有东西，要真懂而不是装懂。在确保内容没问题的基础上，就是注意语言组织上的条理和层次，尽可能使用结构化的表达方式。关于结构化表达，推荐李忠秋老师的《结构思考力》和《透过结构看世界》。

2. 背景性问题

所有关于你个人的问题，都是背景性问题。典型如：

> 请做个自我介绍。
> 说说你的兴趣爱好。
> 你都有哪些明显的优点和缺点？
> 你是独生子女吗？父母都是做什么的？
> 你老家是哪儿？
> 你身边的朋友、同学，以及你大学的老师，他们都是怎么评价你的？

在我看来，各种背景性问题无非3个目的。

① 面试导入。面试归根结底还是一个沟通过程，背景性问题都是关于候选人自身的问题，所以先从背景性问题切入，更容易让候选人进入状态。

② 可靠性测试。很多同学都不能理解"明明有简历，还要做自我介绍"的原因，其实是有可靠性测试的意图的。看看你的描述有没有跟简历明显对不上的地方，然后追问深挖，确认内容的真实性。

③ 更立体地了解候选人。用互联网的行话形容就是"构建用户画像"。有的公司的确会更看重专业能力以外的东西，比如候选人的性格、价值观等。这些内容是不容易通过直接询问得到的，一般通过背景性问题可以"旁敲侧击"地判断出来。

所以回答这类问题，也没有什么深奥的技巧，只要保证回答内容实事求是，别撒谎就可以了。尤其是关于简历上的东西，以及你过往每段经历中的各种细节，一定要能经得住对方的深挖和追问。

3. 意愿性问题

意愿性问题主要用来考察你的求职动机，也就是你的择业标准和偏好。例如：

> 谈谈你的职业规划？
>
> 为什么要进入互联网行业？
>
> 为什么想加入我们公司？
>
> 为什么想要做客户经理？
>
> 为什么要来做房地产销售？看你的专业去设计院应该更合适吧？
>
> 如果有北京和杭州两个工作地点供你选择，你会选择去哪儿？
>
> 作为一个前端工程师，未来在技术、管理、产品三个方向上，你更倾向于往哪个方向发展？
>
> 你选择第一份工作时最关注的是什么？

企业招人无非就是关注两件事：一是能力，二就是动机。有动机，没能力，工作搞不定，再积极也没用；有能力，没动机，要么消极怠工，要么迟早走人，对企业来说也没意义。所以在面试官看来，求职动机跟岗位胜任力是同等重要的。短期来看，求职动机决定了候选人接受offer的概率；长期来看，求职动机决定了候选人的稳定性以及绩效表现。

想要答好"意愿性问题"，功夫不在面试中，而在面试前——务必想清楚自己的求职动机和择业标准。诚实地直面自己的诉求，不要自己骗自己，面试的时候不要说违心话。

此外，还要确保面试官相信你所说的就是你所想的，让回答更有可信度。有两个小技巧。

（1）虚实结合

马斯洛需求层次理论提出人的需求既有底层的现实性的需求，也有高层的自我实现的需求。对于求职者而言，在选择工作的时候，应该是既看薪资、福利、公司的名气这类看得见摸得到的东西（即"实"的部分），同时也关注成长、发展、成就感之类的东西（即"虚"的部分），这才是合情合理的。

（2）讲故事

一个人在做选择的时候，都有自己的一套决策体系，这是在成长过程中不断形成的一套体系，其中包含了价值观、性格、兴趣等。比如有的同学立志学医从医，很可能是因为经历了至亲病故的痛苦，于是这个经历就可以用来解释你为什么会有这样的求职动机，这就是价值观驱动；再比如有的同学从小就喜欢看动物世界，对大自然和动植物充满无限好奇，所以长大了就学了生物，毕业也想做研究小动物的工作，这就是兴趣驱动。有因有果，逻辑自洽，可信度就会高很多。

4. 行为性问题

一个人"怎么说"不一定就会"怎么做",但如果他过去是"这么做"的,那么未来大概率也会"这么做"。一个人的行为模式是相对稳定的,短时间内不会发生太大的变化。在遇到类似的情境时,常人的反应是倾向于重复过去的行为方式。通过一个人过去的行为模式判断他未来的表现,这就是行为性问题,也叫行为面试。例如:

讲一个在过往工作中能体现你团队合作能力的例子。

讲一个你全力以赴,虽然结局不理想,但你自己觉得很值得的经历。

举例说明你在过往工作中是如何解决跨部门沟通中的矛盾的。

讲一件过往经历中你认为最成功 / 失败 / 感动 / 遗憾 / 后悔 / 惋惜 / 失落 / 难过 / 受挫 / 印象深刻 / 有成就感 / 受到启发 / ……的事情。

理解了行为性问题的命题原理,不难发现:回答这类问题的关键就在于把过去的经历讲清楚。想要做到这点,就要用到STAR法则。

S:Situation,背景或情景

即你所讲的这个经历/例子是发生在什么情况下。背景介绍可以包括时间、地点、人物等内容。建议大家尽可能采用欲扬先抑的方式,让背景和后面的"行动"形成鲜明的对比。比如"时间紧、任务重的情况下超水平地完成了任务",体现你在这件事情中的关键性作用。

T:Target / Task,目标或任务

即你所面对的具体问题、任务、目标、挑战是什么,尽量说具体的任务。比如:在3周内为社团筹集至少2万元的赞助,完成行业分析报告中估值建模部分的撰写，作为负责人管控整个促销活动的现场秩序和人员分工安排，解决网站流量很高但注册量很低的问题，等等。不要简单地用"拉赞助""做报告""负责促销活动"等描述。

A：Action，行动

即为了达成目标、完成任务、解决问题、战胜挑战，你具体都做了什么，采取了哪些行动。行动过程尽可能细化和量化，一定要有数据和事实，可以去描述过程中遇到的具体困难和障碍，以及你是怎么解决和克服他们的。另外，这个地方一定要贴题，围绕问题要求你展现的能力去描述，千万不要文不对题，导致整个过程的描述和面试官想要考察的能力完全无关或者关联性很弱。

R：Result & Review，结果和总结反思

这件事的最终结果如何（可能是好的，也可能是坏的），通过这件事你有了什么样的总结和反思。对行动结果的描述，可以是成功的，也可以是失败的，并不是说每个故事一定要有大圆满的结局。但无论成功还是失败，都要做总结和反思，做得好要保持，做得不好就要改进，这才是关键。另外对于成功的结果，一定要有可比的数据作为支撑，说明结果确实很不错。

在开始使用STAR法则讲故事之前，可以在前面加上"what"，也就是用一句话概括你接下来要讲的是一个什么事件，这就是典型的结构化表达。

STAR法则是行为性问题的答题框架，当你讲述一段过往经历时，STAR法则能确保故事的完整和逻辑性。

不过对于同学们来说，行为性问题在回答时的难点其实并不在STAR法则上。真正的问题是：很多同学听不懂问题，选不对例子，讲的故事跟题目想问的东西其实是不匹配的。

众所周知的"宝洁八问"也是典型的行为性问题。宝洁八问的优势在于：

它不仅围绕能力设计问题，更是围绕能力的应用场景设计问题。这样的提问更严谨，解决了面试官与候选人之间因对同一概念的理解不同而造成的沟通不畅的问题。

但实际情况中，并不是每家公司都能把人才盘点做得如此细致，把面试问题设计得如此合理。所以对于求职者来说，需要提前了解一些招聘中高频出现的能力在企业视角下的含义，这样就能确保当你被问到这个能力的时候，选取的例子是切题的，有说服力的。下表我罗列了一些招聘中企业通常都会关注的一些通用能力，并以雇主的视角解释了它们的含义，供你参考。

序号	能力项	职场中的定义和描述
1	认真负责	工作任务无论大小都能做到有始有终，有很强的时限概念，不拖沓，承诺了交付时间无论遇到何种困难都能确保准时交付； 了解自己所负责的所有工作内容，并能理解这些工作对团队和公司的价值和意义，从这个角度出发对自己所交付的工作提出更高要求，交付超出领导期待的工作成果； 对工作有思考，不仅做完，还能做好。能发现原有工作中存在的问题并提出改进建议
2	学习能力	它是你自发学习的，而不是别人教你的，比如要完成某个任务，或解决某个问题，必须会这个东西； 这个东西你之前完全没接触过，跟你所学的专业完全无关，最好是跟你之前涉猎的知识也差得很远； 不仅没人教你，更没人告诉你应该怎么学，整个学习思路和过程都是你边摸索边理解； 短时间学会； 最终完成了任务或解决了问题，总之学到之后产生了价值
3	团队合作	作为领导者： 能明确目标，把大任务拆分成小任务，并做出合理分工； 能给予团队成员支持，解决每个人在完成小任务中遇到的问题； 能激励他人，协调矛盾，让不合拍的人在一个团队里共处。 作为参与者： 完成自身任务的同时，能关注到他人的工作，甚至帮领导者完成一部分工作； 在与团队中其他人有分歧和矛盾的时候能主动沟通，寻求解决方案

续表

序号	能力项	职场中的定义和描述
4	沟通能力	积极主动，即便沟通对象是陌生人； 有明确的沟通目标，并且达成了目标，解决了实际问题； 面对分歧也能主动沟通，不情绪化，顾全大局，能做到对事不对人； 沟通形式灵活，正式与非正式、书面与口头并用，一切以达成沟通目标为准则
5	抗压能力	敢于面对挑战，能将工作中的确定性的压力（如业绩压力）转化为动力； 能接受较长期的快节奏的工作状态； 能接受正常的加班，以及下班后偶尔可能会因为工作占用个人休息时间的情况； 能适应"多线程并行"的工作状态； 在遇到挫折时（工作任务失败，客户或领导的质疑和批评，同事或跨部门的不配合等）能快速从负面情绪中脱离，调整好自己的状态
6	积极主动	在人际交往和团队合作中能迅速且主动与他人建立工作关系； 在人际矛盾和工作分歧中能主动寻求与他人的沟通和理解，快速消除矛盾分歧； 在工作中能基于对工作任务的推演，提前设想工作重难点，并积极思考，主动提出相应的解决方案
7	创新能力	具有批判性思维，能打破常规，跳出固有思维模式，探索新的解决问题的思路； 能有计划、分步骤地将新想法付诸实践，能基于MVP（一种产品理论，即最简可行化分析）将创新想法变成结果，并从中总结经验
8	细致严谨	对所负责工作领域问题一丝不苟，对专业问题保持严谨和敬畏态度； 对工作任务指令、工作过程、提交的工作成果能做到多次核实、澄清、确认，反复检查，发现问题及时订正修改
9	分析能力	善于将复杂问题简化为一个个简单问题； 善于透过现象看本质，发现工作中问题的核心以及解决问题的关键点； 善于通过因果、关联等逻辑找到事物和问题之间的联系，发现解决问题和达成工作任务的契机
10	追求卓越	不满足于现状，能不断完善和优化已有的工作方法和方式，挑战更高的工作成绩和要求

5. 情境性问题

情境性问题跟行为性问题在原理上恰好相反：后者是针对过往发生过的事情提问，而前者是对未来可能发生的事情提问。情境性问题的基本假设是：如果一个候选人今天被问及某个情况时是这么说的，那么以后发生这个情况时他大概率就会这么做。例如：

1. 假设你临时接到一个任务，时间紧迫，但这个事情你完全没做过，完成这个任务需要的知识和技能你也完全不具备，需要你在短时间内掌握并完成这个任务，你会怎么做？

2. 如果在工作中你跟你的领导出现了意见不同的情况，实际上你的想法是对的，但你的领导非常固执地坚持自己的看法，你会怎么办？

3. 如果在未来工作中你需要跟跨部门的同事合作，但对方很不配合，你会怎么办？

4. 如果你有一个客户，前几次沟通得都很好，但不知道什么原因突然就不接你电话了，你怎么办？

细心的同学应该已经发现：情境性问题的基本假设其实是站不住脚的。我前面反复提到过，面试中最难的不是把问题答对，而是让面试官相信你所说的就是你的真实想法。同样地，对于面试官来说，判断候选人说的是真话还是假话其实是面试中最难的部分。

现在各类企业的面试中已经很少会用到情境性问题了。如果真的遇到情境性问题，那么大概率是跟"人际关系"相关的问题，比如前面例题中的2、3、4都是典型的人际关系类的问题（跟领导、跟同事、跟客户），所以做面试前准备时，提前了解关于这些常规的人际关系处理原则和技巧就可以了。

面试中关于职场人际关系的问题，无论什么角色、什么场景，始终把握住**以工作为核心的原则，一切以完成工作任务为导向**，就不会有错。

跟领导：有分歧就提出来，但一定要以事实为基础，不要"我觉得""我认为"。简单地说就是"基于事实讲道理"，谁对就听谁的；如果都有道理，就找折中方案，兼顾两者的想法；如果还不行，就听领导的，毕竟更有经验。但即便最终领导坚持了自己的想法，作为下属，该提的意见还是要提的，这是职责所在。不要因为领导没采纳你的意见就认为领导无视你，或者你的建议毫无价值，不再提任何建议。

跟同事：谁对听谁的，都对就融合。如果僵持不下，再找领导定夺。总之不要因为工作伤了和气。有些刚入职场的年轻人喜欢把跟同事之间的分歧当矛盾，明明对方是对的，非要反驳，为了反对而反对，这种做法不可取。

剩下的都是一些常用的处理技巧。比如：

- ◆ **换位思考**：想想为什么会有分歧，分歧的焦点是什么。
- ◆ **主动沟通**：先跨出一步，主动沟通寻求和解。
- ◆ **测试验证**：有些问题是可以通过小范围试验性的测试来解决分歧的。比如对一个产品需求的重要性持不同观点，那就可以先做个简单的用户调研，看看效果就知道谁说得对了。
- ◆ **先做后说**：有些事情如果不是什么方向性的分歧，可以先在一个模糊的状态下做做看，等分歧显现了必须要做选择的时候再解决，也来得及。

6. 压力性问题

压力性问题（也叫压力面试）就是它的字面意思：给候选人创设一个压力

情境，看他的表现。目的有两个：一是测试候选人的抗压能力，尤其是情绪稳定性；二是人在压力下更容易剥去伪装和掩饰，显现出真实的状态，所以压力下得到的回答会更可信。

创设压力情境主要有2种方式。

（1）在面试形式和过程中创设压力情境

比如，面试官在提问时语言生硬，对候选人爱答不理，甚至表现出轻蔑、不尊重的态度，快速地连续提问，打破砂锅问到底，追着细节不放，在候选人还没答完上一题的时候就打断回答，直接问下一题，多个面试官审讯式面试，让人感觉压力山大，等等。

（2）询问一些有挑战性的问题

比如："你是学电气工程的，为什么要来做销售？怎么不去做对口的工作？是因为你专业课学得不扎实、相关的公司都不要你吗？""我看你之前在A公司实习过半年，为什么没直接转正留下？是因为你工作表现不好，转正的时候被淘汰了吗？""你一个男生为什么要来做行政？这里大多数都是女员工，工作很琐碎，而且坦率地讲行政工作没什么前途的。"

并不是所有岗位在面试中都需要用到压力性问题，只有一些高压类的岗位，比如销售、商务拓展、客服，以及基层和中层管理岗位需要做压力性测试，这些岗位日常工作中要承担更高的压力（业绩压力、人际压力、管理压力、沟通压力等），所以对于抗压能力和情绪稳定性要求会比较高。由于这些岗位大部分还是以社招为主，所以校招面试中出现压力面试的概率会相对低一些。

另外，压力面试一旦把握不好尺度就很容易让候选人感到被冒犯。尤其是第一种创设压力情境的方式，非常容易让候选人质疑这家公司对待求职者的态度，以及面试官本身的专业性。所以对于求职者来说，先要识别这到底是一个真正意义上的压力面试，还是公司或面试官本身就不专业。求职是双向选择，候选人优秀与否、适合与否，一定是在这个岗位招聘的框架内做的评价，超越了招聘的范围，对你整个人的质疑、否定甚至是挑衅和诋毁，肯定是有问题的，这种程度就不能叫压力面试了。

如果你真的遇到了压力面试，有两个技巧可以帮你更好地应对。

① 时刻提醒自己：这是压力面试，并不是面试官在针对我，没必要生气。先把心态调整好，确保情绪不被搅动，这是应对压力面试的基础。

② 读懂题目中的隐含假设，跳出这个假设，从问题的本质入手去跟面试官沟通，而不是顺着问题的思路辩解。

举个例子：

你是学电气工程的，为什么要来做销售？怎么不去做对口的工作？是因为你专业课学得不扎实、相关的公司都不要你吗？

这个问题里的隐含假设是：学什么专业就应该做什么工作，但这个逻辑显然是不对的。对于毕业生来说，做不做跟本专业相关的工作只是一种选择，跟学习成绩、在校表现，尤其是候选人本身是否优秀，没有因果关系。认为"不做专业对口工作就等于不优秀"这明显是谬论。所以在回答的时候，不要解释你专业课学得到底扎不扎实，也不要争辩是不是有对口的公司要你，你要把焦点放在"为什么不做本专业工作，而选择销售工作"这个问题上。

首先，我并不认为毕业生找工作一定要专业对口，关键还是要找适合自己的，真正喜欢的工作。其次，我之所以选择销售工作，原因有3个：

第一，我父母都是经商的，所以从小耳濡目染。从我刚懂事开始，我爸爸就告诉我做生意是怎么回事，怎么去跟人打交道，所以我的性格相对来说也是比较外向的。在学校这几年，我也做了很多类似于销售的事情，包括学生会的外联工作，帮一些品牌商在学校做推广推销，自己在学校里卖书、电话卡、日用品等。这些事情对我来说既有趣，又有成就感，我觉得销售是真正能激发我潜力和热情的事情。

第二，这几年专业学习，让我对电气工程相关的行业有了比较深的了解。在我看来，国内的电气行业还有非常大的增长空间，很多地区、很多领域都有巨大的增量业务空间，相比于做技术和研发，我更喜欢把业务落地，给公司和客户带来实实在在的价值。当然并不是说做研发和技术就没价值，只是对自己来说成就感来得慢一些，我还是更喜欢销售工作带来的及时反馈的成就感。

第三，我上一段实习是在一家外资的做配电输电设备的公司，做的就是销售支持的工作。当时跟着我的老板见过一些客户，也深入地学习过公司的产品，坦率地讲，我觉得国内公司在高压和特高压输变电设备上的技术并不比国外差，甚至要强出很多。但为什么这些外资公司往往能把产品卖到更高的价格，我也很费解。后来我细心观察，我觉得问题可能就是出在销售这个环节上了。外资公司在销售上有很多东西非常值得我们学习和借鉴，所以我想能通过自己的力量让咱们国内厂商的产品更有竞争力。

总之，回答这类压力性问题就要透过题面看到题目中的隐含假设，然后跳出这个隐含假设，从问题的本质出发讲你自己的想法和理解，绝对不要在题面意思上去跟面试官争辩。

7. 专业类问题

前面这六大类问题，都属于通用类问题的范畴，与之相对应的还有专业类问题。比如：

IT技术、算法、数据分析相关

OLAP和OLTP的区别是什么？

神经网络为什么要使用交叉熵？

Data-Mapper模式和Active-Record模式有什么区别？

财会、金融、法律相关

财务报表中，你认为哪一张是最重要的？为什么？

固定资产折旧采用的方法有哪些？

如何辨识业务中的信用风险和欺诈风险？常用的反欺诈策略都有哪些？

生产、制造、供应链相关

机器学习算法和传统统计学算法在供应链决策上有什么不同？

直播带货的模式将给供应链带来哪些挑战？从供应链数字化转型的角度谈谈如何应对这些挑战？

品牌、市场、营销相关

你是一名重点客户经理（KA），负责食品和饮料品类的业务。你的客户是一家大型的全国连锁超市，虽然你与超市的关键负责人有很紧密的合作伙伴关系，但是想让他们完全按照联合利华的要求和你的方案来执行促销活动，还是颇为困难。接下来你要进行一个档期的大型促销活动，你期望你的客户能够全面配合你，因为这样能够促进销售额的增长，实现双方共赢。明天你和该客户的关键负责人有个会议，你希望借此机会和他们沟通这个档期的活动。

1.你将如何与你的客户沟通这件事？

2.你如何确保你真正了解客户的需求？

3.你还会和你的客户讨论哪些内容来确保能够得到他们对这次促销活动的全力支持？

不同行业和岗位，专业题也不尽相同。就答题技巧来说，不能说没有，但核心还是在于你对相关专业知识、技术、技能、工具等的理解和掌握水平，所以跟这些专业题相关的专业学科知识，本书不做讲解。

4.2.3　高频面试题精讲

1. 四个"why"

所谓四个"why"是指4个问题。

- ◆ why industry：你为什么选择这个行业？
- ◆ why company：行业里众多公司，你为什么选择这家公司？
- ◆ why function：公司里众多岗位，你为什么选择投递这个岗位？
- ◆ why you：众多候选人可选，为什么我们（公司）要选择你？

四个why问题几乎是所有面试问题的源头，是你参加每一次面试前都必须提前准备的问题。无论是应届生初次求职，还是已经工作多年的人跳槽重新出发，在做职业定位时都需要按照定位公式，即职业目标＝行业（领域）＋岗位（职能）＋公司（组织）＋地点（城市）。所以四个why问题本质上就是你的职业定位，也就是职业规划，或者叫择业标准。

想要答好这几个问题，就需要把握好一个原则：**多讲事实，少讲道理，要言之有物。**

其实所有面试问题在回答的时候都要遵循这个原则，尤其是这种询问你的想法、态度、观点的题目，一定是多摆事实才有说服力。所谓事实有两种：一种是客观事实，讲出来不用解释大家都认可。一种是主观事实，也就是你个人的经历，即这些经历让你意识到这就是你的职业选择。

四个why的问题非常个性化，每个人的求职目标不同、经历不同、认知不同、掌握的信息和知识水平也不同，答案千差万别。好的答案一定是逻辑自洽、说服力强的，这样才能打动面试官，让面试官印象深刻。

（1）Why industry 为什么选择这个行业

由于绝大多数同学在择业时对行业都没什么概念，所以回答这道题时可以从两个方面入手：

- 你是怎么了解或接触到这个行业的；
- 这个行业里的什么东西吸引了你。

比如：

- 大三在找实习的时候很焦虑，不知道怎么下手，所以就在网上找各种帖子学习，无意间发现居然还有专门辅导学生求职的公司，深入研究发现这个行业不仅助人还能自助，渐渐就产生兴趣了。
- 我父母都是在电力系统工作的，所以对于电力行业我从小就耳濡目染；我大学学的又是电力系统设计这个专业，所以找工作的时候第一个考虑的就是电力行业，毕竟最熟悉，而且父母也特别支持。
- 我从小就喜欢玩游戏，从掌机到主机再到电脑和手机，我父母对我的管教也比较宽松，只要学习成绩不出问题，完全不干涉我玩游戏，甚至我爸爸还会陪我一起玩，交流游戏通关心得。所以对我来说游戏就像我的老朋友一样，找工作的时候也是首先考虑进入游戏行业。

每个答案的前半部分都在说"你是如何接触和了解到这个行业的"，它一定是你的亲身经历；后半部分则是在说"这个行业吸引你的东西"，这就考验你对行业的认知和理解水平了。

对于应届生和在校生来说，接触"行业"概念的渠道很有限，通常就是专业对口、身边人亲朋好友的影响、媒体报道、行业书籍（包括人物传记）、兴趣爱好等，不需要给自己编一个"戏很多"的故事，亲身经历的真情实感才有说服力。

至于对行业的认知和理解，这个就看你的日常积累以及面试前的准备工作如何了。同学们在面试前务必对这家公司所处的行业提前做足功课，包括行业里有哪些公司、产业链的上下游结构、行业是怎么运作怎么赚钱的、服务的客户都是谁、行业的相关监管法律法规等。可以参考一些商业媒体的报道，里面会有对行业的研判观点，但注意不要直接拿来用，要消化成自己的话讲出来，有疑问或者有自己的想法都可以大胆地加到面试回答中去，不要怕说错。

（2）Why company为什么选择我们公司

强烈建议大家每次面试前都好好想想你为什么要去这家公司面试，到底公司有什么吸引了你，给大家几个思考的方向。

· 从业务和产品出发

通俗地说就是对公司正在做的事情感兴趣，认可公司目前在业务和产品上的思路。这需要你对全行业尤其是同类竞品有比较深入的理解，能讲出这家公司在业务和产品上与竞品公司不同的地方。比如：

> 电商产品很多，也是个红海，但我个人更看好拼多多的模式。多数人看到的可能是廉价，是渠道下沉，但我看到的是拼多多作为平台端对整个供应链的赋能能力。

· 从组织和文化出发

一个员工对组织和文化的认可度直接决定员工的稳定性甚至绩效表现，这是求职者和公司都关注的东西。但前提是你真的了解这家公司的组织文化，能讲出它与其他公司不同的地方。比如：

> 德勤最吸引我的就是市场化的透明和公平。作为一个普普通通没什么背景的应届生，这样的公司和工作更能给我一种安全感，不用去拼资源、拼背景，只要自身专业能力过硬并且肯努力，踏实尽责地把自己的工作做好，就能得到相应的回报。而且身边同期入职的同事也都是背景相似的人，都很优秀，而且也相对单纯，在一起工作配合也会更顺畅，这样的文化和组织氛围是我所向往的。

• 从平台和机会出发

大平台往往意味着更高的起点和更多发展机会。比如：

> 中海的海之子是业内公认最有含金量的管培生计划，往年能被录用的也都是非常出色的前辈。我跟我们学校往届进入海之子的学长姐们聊过，无论是现在还留在中海的，还是离开中海去了其他公司的，都发展得非常好。所以如果我想进入地产行业的话，海之子肯定是最值得我尽全力争取的机会。

但小公司也有小公司的好处。比如：

> 去大企业做产品固然好，但分工太细只能从一个很小的分支做起。贵公司虽然是创业公司，但我看好这个赛道和这个产品的发展方向，而且如果我能加入贵公司，可以真正参与到一个产品从无到有再到做大的全过程，我觉得即便是在大公司做了几年产品的人也不一定能有这样的机会，这是贵公司最吸引我的地方。

• 从个人的规划出发

如果公司的规划跟你的个人规划有协同性，也可以作为你选择这家公司的理由。比如：

> 因为我的职业目标是希望成为一名品牌经理，将来能独立管理一门生意，这就需要我尽快到一线去跟客户打交道，通过实战提升自己在生意谈判、货品采购、门店管理方面的能力，以及跟公司内部的市场部门、供应链部门、财务部门之间的联动配合能力。我了解到贵公司今年在设计管培生项目时给每个人都提供了一个迷你生意管理的机会，一方面能在公司内部以敏捷的方式孵化新生意，另一方面也能快速锻炼个人能力，这个设计非常吸引我，也跟我的职业规划一致，所以我非常希望能来贵公司。

（3）Why function为什么申请这个岗位

岗位选择问题跟前面的行业选择问题逻辑差不多，回答的时候可以先说明"你是如何了解和接触到这个岗位的"，然后再谈谈这个岗位吸引你的地方。比如：

> 我之前的两段实习一段是在买方做研究，一段是在卖方，体验下来我觉得自己还是更喜欢买方分析，做的事情会更务实，虽然压力会更大一点，但能直观地通过市场看到自己的研究成果是不是有价值，我觉得这个成就感是卖方研究给不到我的。

跟行业选择问题同理，前半部分要讲真实经历，后半部分则需要你对这个岗位有充分的了解和认知。跟行业不同的是，对岗位的认知其实更依赖于亲身体验，所以"实习过"是最有说服力的。

（4）Why you为什么我们要选择你

讲出你比别人强的地方，并且这个"比人强"对公司有价值；或是讲出你跟别人不一样的地方，并且这个"不一样"对公司有价值。一句话总结就是：人有我优，人无我有。

"人有我优"答起来相对容易，强调你与岗位之间的匹配性就可以了。结合我前面简历部分的讲解，分析岗位JD，找到里面的关键词，尤其是对能力要求的关键词，然后摆事实说明自己具备这些能力就可以了。比如：

> 在投递这个岗位前我仔细分析过这个岗位的要求，我总结了3个关键点：一是对业务的理解能力，二是数据分析能力，三是跨部门沟通和协作能力。
>
> 对于第一点，我之前的两段实习经历，一段是游戏数据分析，一段是广告平台数据分析。虽然两段实习都不是电商业务，但业务模式非常相似，都是要通过用户画像和行为数据去评估和洞察各种运营动作的效果，找到有价值、可复制的运营手段并将它固化成产品。所以在对业务的理解能力上我认为自己是完全胜任的。
>
> 对于第二点，一方面我本科学的就是统计学，另一方面两段实习对我数据分析方面的技能锻炼是很充分的。游戏和广告平台都是数据量特别大并且维度特别复杂的业务，是天然具备极高挖掘价值的数据。实习过程中我从取数、清洗、预处理，再到分析、可视化、建模都做过，而且公司对项目迭代的要求非常高，两段实习中我做了大大小小接近10个项目，无论是对数据分析技术的选用、模型的搭建，还是包括Excel、SQL、Python、R语言以及主流BI软件的使用都比较熟练，所以在这一点上我也认为自己是能达到这个岗位的要求的。
>
> 至于第三点更是如此，前面也说到我在两段实习里做了大大小小接近10个项目，这些项目都需要大量跟前台业务部门以及开发部门沟通需求，确认数据口径和关键指标，这种跨部门的沟通和协调几乎每天都在

做，也是比较熟悉的。

所以我认为自己在3个核心岗位要求上是完全符合的，应该是这个岗位的理想候选人。

一定要注意结合事实甚至是实例来讲，不要空谈大道理。

相比之下，要答出"人无我有"的效果就很难了。建议结合自身情况，从以下2个角度入手。

① 体现自己对行业、公司和岗位的理解是其他同学达不到的；

② 通过具体的行为体现自己强烈的求职意向。

为什么是这两个角度？以我的经验来看，"对行业、公司及岗位认知的缺乏"以及"求职意向不明确、不强烈"是应届生求职中两个最大的特点，也是学生心智和学生思维的两个最集中的体现。所以想要答出"人无我有"就可以从这两个角度切入，这会明显让面试官感受到"你这个孩子跟别人不一样""这个孩子明显要比其他人成熟"。

很多时候，求职的整个过程更多是求职者的心路历程，心理上的变化会让他不断调整自己的方向、择业标准，甚至是对未来生活和人生的规划。正因如此，4个why的问题才显得尤为重要，这也是企业大概率会在面试中问到这4个问题的原因。

衍生问题

面试中所有意愿性问题都是从四个why问题中衍生出来的，所以在回答思路和内容框架上基本一致。

◆ 请做一个自我介绍。

◆ 谈谈你的职业规划。

◆ 说说你的择业标准？

◆ 你在选择工作的时候最看重什么？

◆ 如果现在允许你在公司里自由选择岗位，你会选择哪个岗位？为什么？

◆ 如果现在让你在销售和市场两个岗位之间做选择，你会选哪一个？为什么？

◆ 你希望从工作中学到什么？或者说你对这个岗位的期待是什么？

◆ 如果你拒绝了我们公司的offer而选择了其他公司，那么拒绝的理由可能是什么？

2. 自我介绍

自我介绍是面试经典问题，但其实又不是个"问题"。绝大多数情况下，不仅自我介绍的回答内容非常重要，回答问题时给对方呈现的整体感觉亦重要。这个感觉包括但不限于：

① 你的形象、表情、妆容、神态、气质、礼仪等一系列外在可捕捉的东西，也就是外在；② 回答过程中，你是否自信、口头表达是否流畅、沟通起来是否让人觉得舒服，其实是性格和个性部分；③ 面试官的问题你是否能听得懂（包括潜台词）、说话有没有逻辑和条理、用词是不是恰如其分，主要是口头表达能力。

所以准备自我介绍时仅仅打磨回答内容并不足以让你给面试官呈现一个美好的第一印象。但非回答内容层面的东西（外在和性格），没有面对面的指导、训练、反复纠正是很难通过书面讲解提升的，所以面经也只能局限于对回答内容的推敲和打磨。

那么一个合理且得体的自我介绍应该回答些什么呢？总体上可以遵循二八法则，20%的篇幅简单说下"你是谁"，余下80%的篇幅讲清楚"你为什么来面试"，为什么来面试=求职动机+胜任理由，所以做自我介绍其实就是回答以下4个问题。

◆ 你为什么选择了这个行业？（why industry）
◆ 行业里这么多公司为什么来应聘这一家？（why company）
◆ 公司里这么多岗位为什么偏偏申请这个岗位？（why function）
◆ 这么多条件都跟你差不多（甚至比你还优秀）的候选人，为什么我们（公司）要选你而不是别人？（why you）

至于家庭背景、兴趣爱好等，其实都不是自我介绍的核心，讲得好是锦上添花，是双方"聊得融洽"后的"甜点"，讲得不好那就是减分项了。

这4个why的问题，几乎是所有面试问题的源头，标准化面试问题中，至少有一半的问题都可以回溯到这4个问题。另外，但如果你想主动引导整场面试，可以在自我介绍的内容上下点功夫。你介绍了什么，大概率会成为对方继续发问的素材。所以你想让对方问什么，就重点介绍什么，这就能在一定程度上掌控面试的主动权，甚至预测面试问题，这也是"面霸"的一个小技巧。

回答示例：

> 面试官您好，我叫李小寒，是中国××大学2022届工商管理专业的应届毕业生。
>
> 其实我早在大二的时候就跟贵公司有过接触。那时候我有幸通过学校职业发展社团参与到贵司在我校举办的企业开放日活动。活动期间我作为志愿者与贵司HR部门的几位前辈有过不到一周时间的短暂合作，几位前辈的亲和友善的风格，工作上专业严谨的态度，尤其对学生们的耐心照顾都给我留下了深刻印象。此后的一段时间，我通过贵司官网和其他媒体渠道了解了贵司的发展历程和近期动态，也对贵司所处行业进行

了全面的学习和了解，这也进一步提升了我希望加入贵公司工作的意愿。所以在得知贵司校招开启后，我第一时间就投了简历，也是我校招投递的第一家公司。没想到这么快就能得到贵公司的反馈，我觉得这可能也是对我这份诚心的一种认可吧。

这次我应聘的是贵公司的管培生岗位，仔细研究过岗位JD中提到的要求，我认为我在3个方面非常契合公司对管培生的要求：

第一，是对企业价值观的认可，对招聘行业的热情。

刚刚我也提到过，大二的经历让我开始关注贵公司所在的行业，所以就做了很多研究和学习。具体我做了这么几个事情：一是了解了贵公司从成立到现在的整个发展历程。从最开始一个简单的公众号逐渐发展成国内前三的招聘平台，一直秉承"跟求职者站在一起"的理念，确保平台上所有岗位都是真实可靠的，真的很难得。尤其是在我研究过的这个行业里的其他公司后，更是觉得这种坚持难能可贵。二是我通过各种方式跟招聘行业里的一些前辈都交流过。一开始完全是个小白，什么也不懂，问的问题现在想来都觉得挺傻的。但逐渐地我开始理解招聘行业里企业、求职者、平台三方之间存在的矛盾，但在我看来这些矛盾和问题是困难也是机会，所以我认为虽然招聘行业已经是红海，但对新人来说还有很大的空间，因为有大量的客户需求没被满足，大量的痛点值得去解决。

第二，是扎实的专业基本功，较高的自律性，较强的学习能力和自驱力。

我在学校学的是工商管理专业，这个专业的特点就是横跨多个学科，但彼此之间是有内在关联的，因为整个企业的管理和运作是一个完整的体系，所以这些学科其实也是一个完整的体系。很多人都会觉得工商管理专业是"样样通样样松"，但在我看来这个专业其实训练的是一个人举一反三、触类旁通的能力，是一种跨学科的思维技巧。所以我在校期间每门课成绩都是年级前5%，尤其是人力资源方面的课程一直是专业前三。

在校期间我为了进一步扩展自己的事业，了解我学的东西在企业里到底有什么用，我也自学了很多社会上的课程。整个大三一年我就读了包括《管理的实践》《华为工作法》《麦肯锡工作法》等在内的15本管理学方面的通识书。当然理论到实践肯定还是有很大差距的，但我把其他同学用来休息和娱乐的时间基本上都用来拓展知识和视野了，这一点至少能说明我在自律性和自驱力方面还是比较过硬的。

第三，是团队协作意识，以及在人际沟通中的主动性。

我从大二开始参加学校的职业发展社团，大三大四在校本部的学生会担任秘书长工作。在社团的一年，因为要跟大量的企业合作，在学校里组织各种雇主品牌活动，所以会涉及大量的校内协调，校外跟企业之间的联络工作；而且企业活动在校内落地的时候，从前期的策划、招募和组织相关的志愿者，到实际的活动执行、现场突发情况的应对处理，我都是全程参与和负责的。而在学生会秘书处的工作本身就是要跟团委的领导、学校里的各种学生组织以及辅导员、老师、同学们沟通协调，可以说每天的主要工作就是组织、沟通、协调。所以这两段经历对我个人的团队合作能力以及人际沟通方面的锻炼都是非常直接的。

所以我认为自己在这方面是具备胜任贵公司管培生的条件的，也希望未来能加入贵公司，延续这个缘分。谢谢！

3. 职业规划

著名的马斯洛需求层次理论的最顶层是"自我实现"需求。企业常常需要的是"无须扬鞭自奋蹄"的人，那么这种自驱力从何而来呢？其实就从职业规划而来，从你对自身职业发展的期待而来，所以职业规划应该是一种欲望，是你想要成为什么样的人的欲望。因为这种欲望的存在，你会主动改变自己，让自己不断地向着成为"那个人"的方向而努力。

知道了问题背后的逻辑，回答思路就清楚了。

① 告诉对方：你要成为一个什么样的人。

◆ 我想成为一个全栈开发工程师
◆ 我想成为一个商业化产品经理
◆ 我想成为一个战略咨询专家
◆ ……

② 告诉对方：为了实现这个目标，你准备怎么实施。

◆ 我会先从后端开发做起，主攻Java和Python两条技术路线，先成为两个领域的专家，然后再分别从技术路径和岗位路径上横向发展。
◆ 我会先从一个简单的商业化功能入手，做出成绩，跑出数据，沉淀经验，形成路径，然后借助公司的平台找机会接手一整个产品的商业化战略设计。
◆ 我会尽可能地参与公司的各类战略项目，积累一定的行业和项目经验，然后抽时间去读个MBA，把积累的零散经验整理并沉淀成体系化的方法论，然后争取尽快晋升到项目经理的位置，更近距离地去理解客户在战略咨询中的需求和实际问题，形成自己的理解，成为专家。
◆ ……

③ 让对方看到你的规划跟公司有关系，或是公司能给你提供资源和平台，或是你成长中的每个环节都能为公司创造价值，或是你的成长目标跟公司的经营目标高度一致等。

很多面试经验帖里讲的"1年学习、2年熟悉、3年独当一面、5年团队leader、8年高管团队、10年出任CEO"等，其实意义不大，职业规划不等于发展计划，时间节点既不合理也不实际，这也并不是职业规划问题的底层逻辑。

从生涯发展理论角度看"职业规划"这个面试问题，本质上就是要强调新型主雇关系：不谈终身服务，不谈忠诚度，只谈互惠共赢，做一天就贡献一天价值。

回答示例：

我的职业规划是希望未来能成为一名大客户销售专家。为了达成这个目标，我认为有几个关键的事情是我需要关注和努力的。

第一，是进入一家在平台、品牌、管理、客户服务等方面实力比较强的公司。尤其是客户服务方面，在我看来大客户销售就是成就我们的客户，在这一点上客户经理应该是跟我们的客户站在一起的。但我通过一些业内前辈了解到，贵公司的客户经理无论是专业度还是服务能力上，在业界都是有口皆碑的，我认为这就是来自客户的认可，所以我认为贵公司就是我理想中的平台。

第二，是获得更系统的、全面的、专业化的销售能力培养，这也是我申请贵公司销售培训生的最主要原因。贵公司的销售培训生体系一直被誉为是培养销售专家的"黄埔军校"，在这里我能学习到业界最前沿的实践经验，了解大量成功的客户服务案例，这些宝贵的资源也是我成为大客户销售专家的过程中不可或缺的要素。

第三，是尽快到一线去跟客户打交道，通过实战提升自己在生意谈判、门店管理等方面的能力，以及跟公司内部的市场部门、供应链部门、财务部门之间的联动配合能力。我了解到贵公司今年在设计销售培训生项目时给每个培训生都提供了一个迷你生意管理的机会，一方面能在公司内部以敏捷的方式孵化新生意，另一方面也能快速锻炼销售培训生，这个设计非常吸引我，也跟我的职业规划目标不谋而合。

当然这3点都是中短期的计划，但我觉得这样的计划更接地气，也更符合我对自己的要求。至于更长远的打算，因为我的目标是不变的，会一直往大客户销售专家的方向去努力，所以我会充分利用公司给我提供的机会和平台，在做好客户服务的同时，把自己的经验沉淀成方法论，分享给其他同事以及未来的新人。另外，公司是发展的，人也是发展的，也许公司未来会需要我挑战新的业务和角色，我自己也可能会发现其他想要探索的方向，所以我认为在职业发展方面，我既要有长远的目标，但过程中也会保持开放的心态。

4. 兴趣爱好

这个问题属于"餐后甜点"性质的问题，但不能因为这个就回答没有兴趣爱好，"编筐编篓全在收口"，越是到了面试尾声，这种看似无意义的闲聊越是不能太随意。更何况从人际交往的角度看，任何团队都不会喜欢一个无趣的人。所以在回答兴趣爱好问题时，最好还是"有兴趣爱好"，我总结了以下3个回答思路。

① 照实说，简单带过。

如果你的兴趣爱好是普通平常且没太多成就的兴趣，那就照实说，平时喜欢做什么就说什么，简单带过即可。

比如：

> 我平时的爱好就是看看书、看看电影，有时候也玩玩游戏；每周都会保证至少一次的体育锻炼，足球、篮球、羽毛球是我比较喜欢的；如果有假期的话，会到城市各个地方逛逛，而且会刻意找一些门脸不大但好吃的馆子体验一下，感觉跟大多数人差不多，没什么特别的。

这种回答比较真实，不会显得过于用力，而且本来就是无关痛痒的问题，简单带过就可以了。对方听到这样的回答，除非是特别在乎具体细节，一般都不会深挖。即便深挖，也就照实说，不用杜撰些有的没的。

② 照实说，详细介绍。

如果你的确有一项长期投入的爱好，而且为它花了不少的精力，甚至有点成绩。比如：喜欢模型，每月完成一个手工模型；喜欢摄影，每周都去外面采风等。诸如此类的兴趣都可以展开多聊聊，有利于加深对方对你的印象和好感，算是在亲和力方面胜出一筹。

比如：

> 我平时比较喜欢小动物，从上大学开始就牵头跟同学组了个救助小动物的组织，专门救助一些流浪猫和流浪狗。我们会自己筹钱，也会找一些品牌商赞助，给我们支持一些宠物的粮食、用品等。我们学校的兽医专业还有自己的兽医院，所以救助的小动物也可以直接送过去治疗。然后每个月我们都会组织一次领养活动，在学校里借一个场地，让有领养意向的人来这里看看小动物。如果觉得合适，当场就可以签领养协议把宠物带走。后面我们也会做定期回访，看看小动物生活得好不好。这个事情后来越做影响力越大，在当地都挺有名的，很多同类的组织也会找到我们，加入我们每个月的领养会。我们也专门做了公众号，发布些宠物的信息，也会定期推一些养宠物的技巧和感人的故事，现在也有十几万的粉丝了。我们的领养会每月"雷打不动"，这几年差不多也救了几百只小动物，撮合了100多个领养。虽然我现在已经离开学校了，但这个组织我还在运营着，打算利用业余时间一直做下去。

这样回答的前提还是你真的有这样的经历，千万不要凭空捏造。

③ 分析对方偏好，迎合着讲。

如果你应聘的单位特别在意和关注某些特长，而你恰巧又在这个方面的确有特长，那就大大方方说出来，不管是球打得好，还是歌唱得好，还是舞跳得好，都是个小优势，尤其是在候选人条件都差不多的情况下，这个小小的加分项往往决定了最后结果。

如果你应聘的企业并没有明确的偏好，那么你也可以先分析下这个行业或者岗位对人的要求，看看哪些兴趣爱好会有加分。比如喜欢做PPT、喜欢看商业评论、喜欢挖各种小众产品、喜欢美食、喜欢写文章、喜欢研究时尚潮牌等，这些可能都会对相应的行业或岗位有一定的加分效果。如果你在这些方面还能有所思考和总结，形成一些自己独到的观点，那就更好了。

比如：

我平时是个"极客"（指对计算机和网络技术有狂热兴趣并投入大量时间钻研的人），比较喜欢捣鼓些数码产品，喜欢折腾。比如我前段时间花了2个月改造了我的电脑桌，就是现在B站上有些UP主做的桌面改造。我把台式机主机、无线充电、智能灯带、智能开关、蓝牙音响之类东西都集成到了一个桌子里。桌子就是我原来的普通书桌，我自学了CAD和SketchUp画了设计图，然后在淘宝上买了一些配件。有的配件没有合适的规格，我就联系了3D打印的店铺帮忙打印，而且为了省钱我也是自学的3D模型设计。实际的改造环节也是我自己动手，包括拆桌子、切割板材、挖凹槽、装五金、设置智能场景联动等。最后弄完的效果还挺好的，超出我的预期，上周刚把整个改造的视频剪辑好发在B站上，这几天播放量已经快破10万了。

5. 优缺点

优缺点是典型的自我认知问题，回答这类问题，最难把握的是度，过于自信和过于自谦都不合适。以下提供一些在绝大多数情况下都比较保险的回答思路，分别从优点和缺点两个方面讲。

（1）讲优点

讲优点时，注意以下3点。

① 不要贪多，忌罗列一大堆优点，少而精才能让人印象深刻，也不会给自己挖坑。

② 讲与岗位相关的。比如：财务——细致，数据分析——对数字敏感，产品——团队合作能力强，销售——进取意识等。

③ 讲事实，即发生过的事情，证明你的确具备这样的优点。

（2）讲缺点

讲缺点时需要注意以下几点。

① 不要过于老实，什么缺点都和盘托出。

② 不要回避问题，讲一些无关痛痒的缺点，比如"我的缺点是爱吃""休息日喜欢睡懒觉"。先不论这是不是让人反感的套路，在对方看来，你这是根本没听明白面试问题，答非所问。

③ 不要"抖机灵"，明着在说缺点，实际在说优点，如说缺点是"太认真""太负责""做事太专注""太追求卓越"。虽然优缺点在一定条件下是可以转化的，但在此场合下用这种回答并不聪明。

④ 不要套路，比如不管面试什么岗位，缺点一律是"缺少经验"，这是典型的放之四海皆准的回答，说了等于没说。

试着分析：面试官到底想通过"你的缺点"了解什么呢？是真的想知道你的短板，将来帮你改进？还是利用这个短板，将来可以批评你？显然都不是。对方真正想知道的是：你是不是一个善于自我反思的人，并且在反思后是否会落实到行动上的人，归根结底还是优缺点问题的本质——自我认知，即自知、自觉、自查的能力。这样一来，回答思路就有了。

首先，讲一个你身上的的确确存在过的缺点。

不管它对于这个岗位来说是不是致命的，它必须是真实存在的。但这个缺点不是你现在的缺点，而是以前的缺点，它已经是"过去时"了。

> 我之前一直有一个比较明显的缺点，就是不太擅长也不喜欢多线程地在团队里工作，相对更喜欢自己一个人在一段时间内只专注做一件事。

其次，说你意识到这个缺点后，做了些什么。

最好你还能讲讲当时是怎么意识到这个缺点的。是自己反思的？还是别人提醒的？还是在矛盾冲突或者一个特定场景下让你深刻认识到的？这个细节你不讲也可以，但要准备，因为对方可能会追问。

然后就是讲讲自己为了改掉这个缺点都做了些什么，这些年都付诸了哪些行动。比如：爱忘事的，就用各种工具做GTD（getting things done，把事情做完）时间管理；爱拖延的，就把事情都设置一个最后时间点；不善于倾听的，找身边人提醒自己打开耳朵；缺少耐心的，就通过日常生活中的小事，从对待身边人开始培养自己的耐心等。

> 其实这个缺点有时候也是优点，但多数情况下，尤其是团队合作的情况下，它就是个缺点。比如我留学的时候导师经常要求我们做小组作业，一般是4~5个人一组，大家分配任务，然后再把各自完成的东西整合到一起。但我更喜欢专注做自己的部分，不太愿意同时关注其他组员的研究和完成情况，所以每次都会出现"我做好了我的部分，但好像跟大家的内容放在一起时显得格格不入"的情况，这时候再去调整既耽误时间，也影响整个小组作业的质量。

这种情况多了之后，其实大家就不爱跟我组队做作业了，所以我也开始反思，也找了当时关系不错的老师和同学聊过，发现我这种"只喜欢专注做一件事"的优点在小组合作中真的就是个缺点。而且我跟学校职业发展中心的老师聊这个事情的时候，她明确说我这种特点在未来职场中可能会吃亏，因为公司各项工作都是需要团队合作的，而且是多线程并行的，要在关注自己负责的每项工作的同时，考虑到跟其他人工作的对接，这是很必要的能力。

了解到这个问题后，我就开始有意识地去改正这个缺点。首先我还是从小组作业这个场景切入，因为这个事情频率最高，基本上我们每2~3周就要做一次小组作业，所以从这个地方入手是最容易见效的。我当时主要是做了2件事：

一是换地方。我之前的习惯是自己一个人在寝室或者图书馆找个角落做作业，但其实小组作业的时候大家都更多地会聚在咖啡厅里一边讨论一边学习一边做作业，尤其是国外的同学特别习惯于这种做法。所以我当时就给自己提了一个要求：只要小组作业，就跟大家一样去咖啡厅，不管自己心里有多不想去，强迫自己必须去。

二是调整节奏。因为之前是自己独立研究，相对比较安静，思路是连续的。但现在大家边讨论边做，思路经常会被打断。一开始确实不适应，感觉自己一个下午在咖啡厅好像什么也没做，效率很低。但是慢慢会发现下午咖啡厅讨论完，晚上的思路就很清楚，码字做PPT的效率都快了很多。其实这就是我在主动适应其他同学的节奏，跟大家同频。

经过这样的调整，我的小组作业明显有提升，我自己也开始慢慢习惯这种多线程地跟其他人一起协作的节奏。

最后，说说现在你在这个方面已经取得的改观。

也就是你经过这一系列的刻意训练和改进，缺点已然不在，已经不存在这样的问题了。注意，这里不能只是一句话带过，要加一些旁人的评价作为佐证。比如：之前实习的同事、直属领导都觉得我是一个×××（跟缺点正好相反）的人。

> 所以留学的最后一年，我的小组作业完成质量就很高，又快又好，每次几乎都是A和A+，跟我组队的同学私下里也都说我有变化，跟以前不一样了。

典型衍生问题

以下3个常见面试问题是优缺点问题的衍生问题，在考点和回答思路上跟优缺点问题是一样的。

- ◆ 简单评价一下你自己。
- ◆ 请用三个关键词描述你自己。
- ◆ 你身边的同学、老师、朋友都是怎么评价你的。

6. 给面试表现打分

绝大多数情况下，这个问题都是在面试即将结束时提出来的，所以这里就有一个很重要的常识：对方在问这个问题的时候，其实心里对你"合不合适"这件事已经有了结论了。

如果他觉得你合适，这个问题怎么答其实都不会影响对方对你的积极评价。而真正需要你动脑子的，其实是另一种情况，即整场面试下来，你已经感觉到自己大概率处在被淘汰的边缘，希望通过这个问题扳回一城，甚至扭转对方对你的评价。这是我们分析这道题的基础。那么该怎么应对呢？答案就是"换框"。

换框技术里的"框"，通常情况下是一种底层认知，比如态度、情感、价值观、信念等，"框"是问题的来源，所有问题都是基于这个"框"产生的。换框的本质其实就是重新定义并澄清问题，然后再解决问题。简单地说，就是不直接回应对方的问题，而是从这个问题更上一层的逻辑框架上回应对方，先换掉对方预设的框架，把这个框架换成自己的，然后再去回应问题。

但是，需要注意的是，换框的过程中要征得对方的同意，或者说，你换的这个"框"要合情合理，易于让人接受。

以这道题为例，你的回答应该分成两部分：第一部分是你对打分标准的理解，也就是你的框，目的是用你的框把HR的框换掉。第二部分是基于这个打分标准，你给自己打的具体分数。

比如：

给自己做评价，尤其是打分，还是挺难的。但如果一定要给我今天的面试表现打分的话，我会从3个方面分别打分：

一是求职动机和对这份工作的热爱，这方面我觉得如果100分满分的话，我会给自己打100分。前面在自我介绍的时候我也提到过，为了这次面试我做了不少准备，上学的时候我就利用身边一切资源去了解这个行业，访谈了很多业内的前辈。除了本专业的学习外，我也通过在学校里蹭课、上网课等方式学习了很多基金产品设计、投资组合、权益类产品交易，以及技术分析方面的知识，还考取了基金从业资格证书。虽然证书不能证明什么，但至少说明我是真诚地想要进入这个行业。

二是在岗位胜任力的匹配上，我觉得可以给自己打90分，缺失的10分，在之前的面试中，您提到的我在策略研究和宏观研究上的问题，已经让我明显发现自己在这方面的确比较薄弱，需要提升和学习。

三是临场发挥方面，我觉得我只能给自己80分甚至更低。其实对于这个岗位我是志在必得的，但今天的表现，我自己都不是很满意。毕竟从面试开始到现在，也就短短的20多分钟的时间，在这20多分钟里，我在投资组合、交易策略以及技术分析方面的优势都没能展现出来，如果再给我一次机会的话，我想我会做得更好。

总结下来，结合这3个方面，如果要给出一个综合分数的话，我觉得求职动机应该占至少50%，因为真心喜欢一项工作是长期发展和不断进步的内在动力；而胜任力的话，我给30%，虽然我在您刚刚提到的两个方面的确有一些薄弱，但我相信自己能通过学习和努力尽快赶上来；剩下的20%，我会给临场发挥。这样算下来，我给我今天的面试总体打分应该是90分左右。

7. 有什么想问我的吗？

面试到尾声一般都会有这样的例行反转提问环节，很多同学喜欢告诉对方"没问题"然后结束面试。但我建议不管你这次面试表现好还是不好，这个环节都不要回答"没问题"。不排除有些面试官把这道题当"送客令"的可能，但站在绝大多数面试官的角度来看，还是希望你能问点什么。

一方面，面试官可能不认为自己在整个面试过程中已经准确地传达了想要传达给你的东西，比如工作难度、能力要求、未来发展、入职后可能面临的挑战和困难等，面试官还是希望你能对这些东西有所反馈，比如提出你所关心的问题，以便给你更准确的解释和反馈，别让你产生误解或顾虑。

另一方面，面试官希望通过你的提问来判断你的意向。经过今天的面试，你是不是仍然对这个机会感兴趣？如果公司给你offer，你是会接受还是会拒绝？如果你不提问，那是不是说明你对我们已经不感兴趣了？我们是不是要考虑再约其他候选人来面试呢？

面试是一个双向选择的过程，好不容易对方把主动权交到你手里，应该珍惜才是。但反转提问也不是想问什么都能问的，这道题的神奇之处在于：提问本身也是回答，好问题和差问题之间的效果差别非常大。所以这里我也把问题分成好问题和差问题两类，好问题是推荐大家在这个环节提问对方的，差问题则是不推荐的。

好问题

- 如果我拿到offer的话，在入职之前要做什么准备能更好地胜任这份工作？这份工作对于新人来说最大的挑战会是什么？您觉得应该怎样应对这些挑战呢？
- 您在面试应届生/实习生的时候最看中的能力是什么呢？如果我拿到offer，我应该怎样做才能够尽快地适应环境，融入团队呢？
- 实习期有机会进入什么样的项目？会有什么样的产出？团队接下来主要的发力方向会是什么呢？
- 我了解到最近贵公司的竞品动作很多，而且拿了一笔融资，准备向线下业务布局，您是怎么看的？贵公司会有什么相应的动作么？

结合这些例题，总结好问题的特点就一个：关心对方关心的。对于面试官来说，关心的无非就是两个方面：一是你的求职动机和意愿，也就是你是不是真的想要长期在这个行业、公司、业务、岗位上发展；二是你的胜任力，也就是你是不是真的理解了公司的要求，并且能准确认识到自己身上有哪些跟岗位要求匹配的素质和能力，还有哪些是需要提升的。所以"好问题"就是尽量从这两个角度提问，并且在提问的时候"顺手"把你的求职动机和能力匹配也体现出来，一举两得。

差问题

- 薪资具体是多少？有没有加班费？法定节假日加班有三倍工资吗？午

休多长时间？有下午茶吗？

◆ 公司是做什么的？我这个部门是做什么的？我这个岗位具体每天要做什么？公司对我的职业规划是怎样的？

◆ 您现在月薪多少？有奖金吗？其他岗位薪资多少？哪个岗位薪资更高？

有的同学会有质疑：薪资、福利、奖金、绩效，这都是我实打实的利益，是我的合法要求为什么不能问呢？的确，这些都是你的基本利益，可以问，但大家要注意的是，公司招人是一套流程，面试只是其中一环。面试的主要目的，是评估双方的匹配性。作为企业，要在面试中准确传达自己的用人标准，评估求职者是否匹配；作为求职者，在面试中的主要目的应该是证明自己胜任。至于薪资谈判，应该是建立在"双方互相认可，企业愿意接收你，同时你也愿意加入"的前提下进行的。面试是面试，谈薪是谈薪，所以在面试中关注薪资、福利、待遇等各方面现实性问题，不是不对，而是在错误的时间提了对的问题。

运用语言技巧

语言博大精深，同样一个意思用不同的方式表达，效果可能截然不同。有些问题虽然是"差问题"，但如果能巧妙运用语言技巧进行适当转换，并不是一定不能问。比如：

> 我之前访谈过一些业内前辈，大家都说一级市场投资经理是一个工作成果反馈周期特别长的职业，所以这个过程中无论是工作的成就感还是个人收入可能都会比较有挑战。我想了解下贵公司在这方面对新人有什么相应的激励吗？

再比如：

> 我想了解下贵公司的职级体系、晋升机制以及相应的薪酬机制。

这些问题其实也是在问你最关心的薪资问题，虽然对方大概率会给你一个比较模糊的回答，但至少会让你有定性的判断。这种通过语言技巧让问题变得更得体的例子有很多，比如你面试前了解到这家公司加班很多，你想确认下自己的部门和岗位是不是也如此，但又担心直接问会不太好，那就可以这样说：

> 我从互联网和其他前辈的反馈中也了解到做开发需要经常加班。刚刚面试中您也提到自己已经做开发快10年了，但您给我的感觉是一个对工作非常有激情、精力非常充沛的人，特别有感染力。所以我想知道您是如何在这种高强度的工作中依然保持这种旺盛的精力和激情的？您是怎么平衡工作和家庭之间关系的呢？

同理，虽然你可能没办法得到一个非常明确且具体的答复，比如到底加不加班，每天加几个小时，每周出勤几天等，但至少能从对方的描述中得到一个大致的概念。

8. 最××的事（成功／失败／沮丧／后悔／挫败／有成就感／开心／悲伤／难过／……）

这是典型的背景性问题，面试官可以通过这类问题了解哪些类型的事件能引发你的哪种情绪，再结合公司和岗位工作特性，评估未来你进入公司后会出现什么样的情绪，以及将来对你做激励和管理时，应该尽可能采用什么样的策略。另外，从你的回答中，面试官也可以看出你对自己的认知是不是足够清晰深刻，如果求职者连最××的事情都讲不出来，要么是缺乏历练，要么就是自我认知不到位。这些都会成为影响面试结果的负面因素。

回答这类问题的方法和技巧跟行为性问题差不多，也是STAR法则，把故事讲明白讲清楚就可以了。在R的部分别忘了做总结反思，尤其是进一步总结一下这件事为什么会让你产生××情绪。

衍生问题

◆ 什么事情会让你产生巨大的满足感/成就感/挫败感/失落感？

◆ 对于一份工作/一项任务来说，你觉得什么部分对你来说是最有挑战性的？

◆ 如果你有机会重新做之前做过的事（重新读大学/做之前的工作），你会做哪些改变？

9. 还应聘了哪些公司？拿到offer了吗？

校招面试中面试官特别喜欢问你还应聘了哪些公司，甚至直接问你手里是不是已经拿到其他公司的offer了。

对方问这个问题的意图也很明显：一是了解你目前手里是不是已经有了offer，毕竟有offer的同学心理上更有优势，对方也可以评估下如果给你发offer的话，你有多大概率会选择这家公司；二是通过你投递的公司、关注的岗位以及拿到的offer判断你的求职意向。

所以同学们在回答这道题的时候，只需要注意2点。

第一，如果你的投递方向非常分散的话，回答的时候就不要都讲，把与你面试的这家公司和岗位相关的说出来就够了。比如：

电商行业里几家头部的公司都投了，还投了一些消费品牌商，还有沃尔玛这样比较大的零售企业。总之都是在消费和零售这个行业里的公司，主要就是品牌商和渠道商这两类。

这样可以让你的求职目标更收拢更聚焦，体现出你的职业规划非常清晰。

第二，不要捏造事实，但也不要太实事求是。比如对方问你"拿到offer了吗"，可能你的确还没拿到offer，但可以告诉对方：

已经在流程上了，还剩最后一轮终面，主要就是谈薪资。

再比如，对方问你"拿到几个offer了"，可能你的确也没拿到offer，但你也可以告诉对方：

暂时还没拿到offer，但有3个已经差不多到最后环节了，下周约了聊offer细节。

总之，同学们在这类问题上尽量虚虚实实，不要太直白，帮自己多争取一点点心理上的优势。

4.3　视频面试和电话面试

新冠肺炎疫情背景下，越来越多公司选择线上通过电话和视频的方式面试。即便疫情以前，很多公司出于成本和学生体验考虑，也会在正式面试前先做一轮视频或电话面试，所以多数情况下视频或电话面试都是初筛性质的面试，即快速淘汰掉不合适的人，而不是选出合适的人。本节主要介绍的是非疫情状态下的视频和电话面试。

4.3.1 面试官：HR或第三方招聘专员

由于电话或视频面试属于初筛性质，所以面试官的角色通常是HR或者第三方招聘专员（多称为recruiter），多数也都是1对1的形式。个别情况下也会有多个面试官的情况，一般采用三方通话或者视频会议的形式（基于腾讯会议、Zoom等软件）。

因此，初筛性质的视频和电话面试中的面试问题，跟常规单面中HR初面的题目没什么区别。具体的准备可以参考前面单面内容的讲解。

4.3.2 目的：初筛——提高效率，降低成本

作为一种初筛性质的面试，视频和电话面试会有这么几个目的。

（1）提升招聘效率

如果公司招聘的岗位对候选人有特别明确的、具体的、硬性的要求，并且这些要求是可以通过电话和视频沟通快速评估的，那么采用视频和电话面试就可以大幅提升招聘效率。

比如外资企业会对全体候选人有英语口语的要求，这个要求并不需要一定在线下面试中才能评估，只需要通过电话和视频提几个英文问题，让候选人以英文作答即可。

（2）降低招聘成本

公司可以通过外包的形式把这一轮面试交给人力资源服务公司做，解决了内部HR人手不足的问题。而且专业人做专业事，效率更高。从整体来看其实

成本是更低的。

比如前面提到的外企通过电话与视频面试测试候选人英语水平，完全可以交给外包公司的招聘专员完成。

（3）降低学生求职成本

对于异地求职的同学来说，先通过一轮远程的电话和视频面试确认候选人的基本情况（综合素质、求职动机、胜任力等），再决定是否邀约线下面试，对学生来说可以降低往返路途和住宿上的花费。

很多大公司邀约异地同学进行线下面试，都是报销往返交通和住宿费的。如果不先通过视频和电话面试做初筛，无差别邀约候选人到线下面试的话，这个成本就太高了。

（4）优化流程和体验，提高邀约到面成功率

对于HR来说，邀约到面是个很头疼的事情。很多求职者嘴上答应参加面试，结果当天放鸽子，这种情况太多了。

正规公司有经验的HR，在这种邀约电话里一般会穿插一个简单的"面试"，然后再判断要不要约正式面试。这么做的目的也是为了提高邀约到面的成功率，但这对HR的经验和能力都有更高的要求。

所以为了让整个面试体验更好，流程更顺，很多公司会先邀请候选人做电话或视频面试。因为求职者参加这种面试的成本要比参加线下面试低很多，HR被求职者放鸽子的情况就会少很多。

4.3.3　注意事项

信号的稳定性和周遭环境等因素，都给电话和视频面试带来了不确定性。为了保证面试效果，以下几个细节是大家需要注意的。

① 检查自己的电话是否畅通，有没有停机，确保不会错过企业方的

来电。

② 检查电脑网络，找网络稳定的地方，并提前做测试。通常HR在跟你约好了线上面试后，都会跟你提前做测试；如果对方没这么做，你可以主动要求，或者找朋友、同学帮你测试。最好准备个备选方案，万一网络出问题怎么解决（比如连手机热点等）。

③ 提前测试设备，包括摄像头、耳机和麦克风。建议尽量使用耳机，声音效果会更好。

④ 不要去学校的机房、咖啡厅甚至是网吧做视频面试，除了周遭吵闹有噪声影响外，人在公共场合下也会比较拘谨，影响你的发挥。尽量找安静的、封闭的空间，比如自己的房间，没人的寝室（跟舍友商量好）等。

⑤ 房间光线要充足，否则画面效果会非常差，影响面试官的观感。另外选个干净的背景，大白墙、书架都可以，不要背对窗户，会逆光。

⑥ 越洋面试务必和对方仔细确认是哪个时区的时间，避免低级错误错过面试。

⑦ 提前跟公司HR交换多种联络手段（比如互留手机号的同时也互加微信），出问题的时候可以确保第一时间联系到对方。

⑧ 电话或者在线语音的面试，尽量使用手机，方便你来回走动。站起来，适当来回走动，让整个人处于更活跃的状态，这时候你声音里也会带着积极的情绪，是有感染力的。

⑨ 如果错过约定时间对方还没给你打电话或者发起语音，第一时间通过微信、邮件等方式联系对方公司的HR询问是不是有变动。

⑩ 如果因为你个人原因错过了对方的电话，可以通过其他方式先跟对方沟通解释情况，也可以干脆给对方回拨过去，说清楚情况，看对方是直接面试

还是另约时间。

⑪ 如果是公司直接一通电话给你打过来要面试，而你正处于不太适合面试的状态中，可以直接告诉对方"现在手头有事不太方便长时间接电话，能不能另约时间"，以便有更多时间做提前准备。

⑫ 注意基本的电话礼仪，比如对方讲话时不要打断等。

⑬ 面试结束挂断电话前，可以询问对方最晚的反馈时间是什么时候，以及如果入围的话下一轮面试会是在什么时间、具体什么形式等。

4.3.4　疫情下的视频面试

新冠肺炎疫情迫使企业更多采取线上视频面试的形式来完成整个校招流程，以字节跳动为例，2020～2022年校招中，几乎90%的环节都是在线上完成的。在实践中企业也发现：尽管纯线上视频面试相比线下面对面沟通的传统形式有诸多缺陷，但它的优点也很明显——大幅降低了企业招聘成本，也降低了学生求职的成本。也许疫情结束后，很多企业仍会继续沿用这种纯线上面试的模式。

4.4　VI面试与AI面试

随着互联网技术的不断发展和进步，越来越多的公司开始在招聘中采用VI和AI面试作为初筛环节的面试形式。

4.4.1　一种更为高效的初筛面试

VI面试即Video Interview，中文直译就是视频面试，但它跟前面讲的"电话与视频面试"又有差别，它的主要流程如下：

公司借助一套在线面试系统，提前将一些结构化的面试问题录入系统，然后把面试链接发给每个候选人；每个候选人进入这个在线面试系统，以视频录像的形式回答这些预设好的面试问题；面试官收到候选人的回答视频，调取视频内容观看并进行评价。

所以VI面试中面试官不会跟候选人互动，这是它跟前面所讲的"电话与视频面试"的最大差别。

而AI（Artificial Intelligence）面试其实是VI面试的一种，它是在VI面试基础上增加了AI的元素，具体体现在两个方面。

（1）虚拟面试官

公司提前录入系统的题目，通常就是以一段文字的形式出现。而AI面试一般会创设一个虚拟面试官的形象（卡通人物或者仿真人），由这个面试官把题读出来。这样就给候选人一种"在跟面试官互动"的感觉，实际上是个虚拟形象。

（2）AI面试评估报告

系统通过面部识别和语音识别技术，捕捉候选人的表情、声音、动作并借助AI算法进行分析，然后生成一个报告，供面试官参考。

目前的AI技术能做到的也只是对候选人视频中的语音语调、表情动作、语言的连贯性这些表层的东西做分析和评估。对于候选人回答内容做出评估暂时还做不到，这需要基于更高的技术做更深入的研发。

4.4.2　面试题目

目前VI面试和AI面试中的题目主要还是各种结构化问题，包括行为性问题、智能性问题、意愿性问题、背景性问题等，这些都可以作为VI和AI面试中的问题出现。例如：

◆ Please tell us about your top 3 reasons of applying for Gucci Retail Management Trainee Program.（GUCCI，2022秋招）

◆ 计划赶不上变化，请举一个令你印象深刻的例子，你是怎么应对突如其来的变化的？你当时是怎么思考的？具体做了什么？（联合利华，2022秋招）

◆ 请做一个简单的自我介绍。你对雅诗兰黛有什么了解和印象？（雅诗兰黛，2022秋招）

◆ 你认为什么样的决定尤其难做？请结合你的经历进行阐述。（旭辉地产，2022秋招）

一些偏专业性的问题也可以在VI和AI面试中出现。比如：

玛氏2022秋招（综合管培）

如果你是玛氏旗下某品牌的事业部总监，结合你想要扩大影响的消费者市场，你会有什么建议？例如设计你的品牌营销活动、品牌广告等。

个别公司还会设置视频类问题，让你先看视频再答题。如图所示。

VI和AI面试一般是每道题单独计时，回答完一道题后确认提交，再开始下一题。题目的长短和难易程度不同，作答时间从1分钟到15分钟都有可能，每家公司的规则都是自己定的，没什么规律。

VI和AI面试目前的应用并不多，主要在外资企业（比如外资快消品公司、四大会计师事务所等）以及招聘规模比较大的私营企业（比如地产行业）中用得比较多。

另外，由于面试系统的供应商不同，面试中要求候选人作答的方式也不同。主要有2种情况。

① 视频回答：需要开启手机或电脑摄像头，通过录制视频的方式回答问题，跟拍小视频类似。

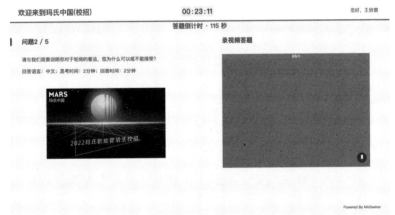

② 录音回答：不需要开启摄像头，只需要录制语音回答问题即可，跟在微信里发语音消息类似。

4.4.3 面试目的

VI面试就是对传统视频面试形式的一种优化，效率更高，成本更低。

传统视频面试需要面试官和候选人约定好时间，同时上线，1对1沟通。虽然每个候选人的情况不一样，提问会有差别，但有一些结构化问题在面对任何候选人的时候都是要问的。所以公司在招聘时就非常需要一个能快速、高效地进行初筛的解决方案。

VI面试就是这样一个解决方案：它可以让面试官综合候选人的VI面试表现和笔试成绩做初筛，让筛选结果更科学合理；同时不用一个一个地做1对1视频面试，大幅提高了面试效率，减轻了工作量；再加上AI面试提供的评估报告，供面试官做筛选时参考，这就进一步提高了工作效率。

4.4.4 注意事项

除了前面介绍的传统视频面试中需要注意的细节外，VI和AI面试中还需要注意以下几点。

① VI面试和AI面试都是没有面试官互动的，你看到的面试官也都是虚拟形象，所以不用紧张。

② 回答时语速不要太快，每分钟260～280字是合理的；尽量使用标准的普通话；注意语音语调，不要太平，要有抑扬顿挫。AI对于回答内容的捕捉主要是看语速、语音语调、连贯性、音量，所以确保自信流畅地回答问题是最重要的。

③ 由于整个面试过程都是由系统掌控的，所以面试开始前务必对系统有个大致的了解。多数系统都会有文字引导，有的还会在正式面试前给你一个测试的机会。这些引导和测试都要注意看，不要想当然地跳过。

④ 有的公司的面试系统会给你重答的机会，有的则不会。有的系统是无限次的重答机会，你可以录到你满意了再提交；有的则是有限次的重答机会，到了一定次数就不能再重新提交了。这些规则要仔细看清楚。

⑤ 由于面试计时完全是由系统掌控的，时间一到，系统就会自动提交，切换下一题或者结束面试，这个是没办法商量的，所以一定要注意不要超时。

⑥ 如果面试过程中由于系统故障出现一些问题，比如某道题没答就自动跳过了，或者计时刚开始就结束了等，先别着急，顺着流程做完，然后再去联系公司HR解决。只要不是你自己网络和设备出了问题，大概率所有人都会跟你一样遇到故障，不用太担心。

⑦ 如果面试中由于个人问题导致面试中断了，第一时间联系HR解决。

拓展 1

单面的难点——
输入与输出&理性认同与感性认同

拓展 2

面试中应该如何谈薪

拓展 3

面试结束后
可以做些什么以提升录用率

▶ 扫码查看 ◀

（注：扫码点击"【书内拓展内容】"查看拓展1、2、3的详细内容。）

第 **5** 章

入职

开开心心拿到offer，就可以准备办理入职手续了。但在入职和离校前后，你还需要经历大量的文件、合同、协议的签署，这些东西一开始会让你头大。本章开始，我一一介绍这些对你来说至关重要但又是初次接触、毫无概念的东西，尽可能避免你的相关权益受到侵害。

5.1 录用意向书与offer

5.1.1 什么是录用意向书?

企业以书面（注意邮件也是一种书面形式）形式告诉你"您已通过层层筛选成为我们的一员，特来询问您是否愿意接受并加入我们，我们将安排接下来的流程"，这个文件就是"录用意向书"，简单地说它就是一封通知信。

"录用意向书"一般不会涉及任何劳动合同中的细节，最多就是体现你被录用的公司、部门、岗位和工作地点，至于薪资、福利、后续入职程序以及需要提交的资料等一般都不会涉及。在你收到这封信之后，企业通常会需要你书面回复是否接受，要么回邮件，要么直接点击按钮确认接受。

录用意向书

Hi 亲爱的 ▨▨▨▨ 同学（身份证：▨▨▨▨▨▨）：

恭喜您顺利通过了阿里巴巴集团2018届校园招聘的面试，我们已经愉快地决定：录用您为阿里巴巴集团员工！您将担任的岗位是 ▨▨▨▨▨，部门是 蚂蚁金服，工作地是 杭州市。

您将踏出校园门，成为阿里人，走向互联网的梦想旅途！您将和"一群非凡人，一起去做一件非凡事"！我们期待您的到来！

此致！

特别提醒：
1. 请您咨询您部门并签署录用意向书，并尽可能按照相应的内容或部门的流程……回到……不知道原地部门门下作地。

☐ 我已全文通读、理解并接受以上内容。

同意/Accept　　拒绝/Reject

5.1.2　什么是offer？

企业以书面形式告知你被录用，并且还体现了具体的薪资福利（薪资、五险一金、股票期权等）、报到所需提交的相关材料（学历证书、学位证书、身份证、报到证、专业证书等的原件或复印件）、试用期规章（试用期限等）以及日常规章（上下班时间等）等劳动合同中的内容，多数情况下这个就叫"offer"。

你可以把"offer"理解成提炼后的"劳动合同"，它既可以是"劳动合同"的一部分，也可以是独立于"劳动合同"之外的补充说明。很多公司都会把这种offer打印出来，作为劳动合同的一部分跟劳动合同一并签署保存。

5.1.3　offer和录用意向书的法律效力

offer在法律层面并没有明确地认定它具备何种法律效力，但从案例实践看，北上等城市已经出现了offer违约的案例，且最终的仲裁结果基本上都是企业方败诉。既然被认定违约，前提一定是有"约"可"违"，说明这些offer内容中一定涉及了具体的约定，也就是前面提到的劳动合同中的细节，具体包括：

◆ 入职日期；
◆ 部门、岗位、汇报对象；
◆ 基本月薪、年薪、股票期权等；
◆ 福利（饭补、车补、房补等）；
◆ 社保公积金等相关福利信息；
◆ 试用期有关的规章制度等。

如果企业给你发了这样的书面offer，你也书面复函表示接受并且已经做了入职准备，这就属于不可撤销的要约了。

注意："offer"或者"意向书"，你和企业都可以随便叫它什么名字。名字不代表它的价值或者法律效力，内容才决定了它的价值和法律效力。

5.1.4　offer小贴士

① 从offer的法律效力来看，毁约对个人几乎没有约束，所以拿到offer拒绝入职，基本不会有什么问题。不过对于同一家公司来说，这个记录肯定会存在的。比如你拿了阿里的offer，签了又拒了，这个记录肯定会一直在阿里内部存在。将来如果还想去，或者拒绝之后又后悔，那就比较麻烦了。国企对这方面可能相对会更看重，违约肯定是会有记录的，但也仅限于这家公司，一般不会涉及个人诚信档案或者个人征信记录。

② 小孩子才看对错，成年人只看利益。毁约也好，录用也罢，不要钻牛角尖，不要把愤怒都放在指责企业不厚道上。骑驴找马很正常，也不涉及什么道义问题，多拿offer总是好的，不要让自己处于被选择、自己又没得选的被动局面。

③ 谈offer的时候，一定要问清楚试用期规则、培养机制、岗位绩效及考核机制、汇报对象和导师的情况，有上进心的，也可以多问问公司、部门和团队未来的一些规划。

④ 有问题、有质疑或者不懂的，要跟企业及时沟通，不要自己瞎猜，也不要想当然。另外，别人（学长学姐、老师）给建议的前提，一定是你跟企业充分沟通过，然后让身边人帮你权衡利弊，帮你分析对方说的是不是真话，不要自己不动脑子直接问别人，听风就是雨。

⑤ 从你走录用流程开始，每一份文档，与企业每一次往来的书面沟通，字字句句不要含糊，留好存档，以备不时之需。

⑥ 报道之前，定期和跟你对接的HR保持联系，必要的话还可以提前加你

的未来导师或者领导的微信，保持通畅的沟通。

⑦ 如果要求你毕业前去实习，能去的话，尽量去。提前熟悉你未来的团队同事、工作内容等，赢在起跑线上。

5.2　三方协议

5.2.1　什么是三方协议

以《上海高校毕业生、毕业研究生就业协议书》为例，各地在排版上会略有差异，但内容不会有太大变化。

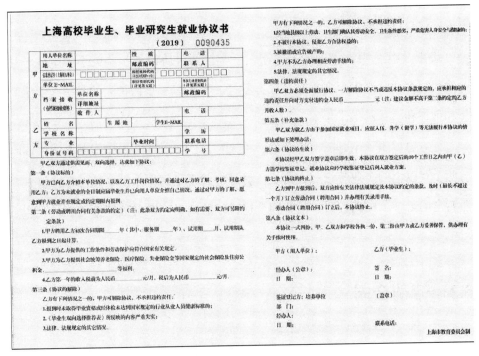

三方指的是学校方、学生方和企业方。三方约定则是约定××学生到××

企业工作，岗位是××，薪资是××，并将此信息告知学校。三方协议一般一式四份（有的地方是一式三份），由学生填写，企业和学校分别盖章，填写并盖章完毕后，学校留两份（或一份），企业和学生各自留一份。

5.2.2 三方协议的用处

从三方协议的内容可以看出：

① 协议明确了企业和学生的履约责任，通过违约金约束双方。一方面保证学生必须入职，企业不被放鸽子；另一方面也保证企业必须接收录用，学生不被放鸽子。

② 三方协议保障的是从"协议签订之日起"到"学生与企业签订正式的劳动合同之日"止的这段时期，学生到企业报道正式入职并签订劳动合同后，三方协议自动作废。

③ 学生作为首次就业的新人小白，学校通过协议把一些关乎学生核心利益的问题都白纸黑字落实下来，三方签订，等于以一个监护人的身份帮学生监督和维护利益，确保学生不上当受骗。

三方协议跟学生是一一绑定的，一人一号，所以一个学生原则上不能同时与两个及以上的企业签订三方协议。另外，并不是每个人都要签三方协议，毕业后出国留学、国内读研、没找到合适工作的同学，也可以不签三方。

5.3 劳动合同

工作就要签劳动合同，实习要签实习合同，这是对劳动者的保护，也是基本权益。

5.3.1　什么时候签劳动合同

① 最讲究的公司：入职前就跟你签好合同，并约定一个生效日期，也就是你正式入职的日期。

② 大多数的做法：入职当天签合同，所以上班第一天几乎有大半天是在办理入职相关手续，其中最主要的就是签合同。

③ 比较不讲究的做法：入职一个月内签合同，这不违法。但如果超过一个月还不签合同，那就违法了。劳动法规定：用人单位自用工之日起超过一个月、不满一年未与劳动者订立书面劳动合同的，应当向劳动者每月支付两倍的工资，并与劳动者补订书面劳动合同。

5.3.2　劳动合同怎么签

劳动合同通常是一式两份，并且一定是白纸黑字打印出来签署。你会在公司HR的指导和解释下，就每个条款逐项确认。双方达成共识后，你签字，公司盖章，双方各留一份。

有的公司这个环节做得比较好，有HR一对一或者一对多指导，学生看合同和签字的过程全程陪同，有问题及时沟通解答，体验非常好；有的公司则是HR把合同丢给你自己看，有问题再找他沟通确认，然后再签字。签合同的过程中，不懂的、有疑问的、跟之前offer约定有出入的，都要一一问清楚。

另外，签劳动合同时需要重点注意以下细节：合同主体、合同期限、试用期、工作地点和岗位、工作时长、休假制度、薪资、保险、劳动保护、劳动条件、职业危害防护、加班规定、保密协议、竞业协议以及违约金等。

最后，强烈建议每位同学在步入社会前熟读《中华人民共和国劳动合同法》，里面的每一条都是对"打工人"权益的保护和声明。如果让我推荐职场人必须学习的法律，那我首推这部。

结语

本书完成之时正是2021年深冬时节，也是2022届秋季校园招聘接近尾声的时候。在这个时间点上，一些同学应该已经拿到了offer，但应该也会有不少同学依然颗粒无收，甚至还有很多同学根本不知道有"校招"这个事情，以为要等大四（研三）毕业后才开始找工作。

我在知乎上关于"有什么对现在大学生的建议"的问题下有这样一个回答：

没有长篇大论，非常简单朴素的建议：

◆ 大一到大二疯狂做有关考研、出国、考公、找工作这4个选项的调研工作；

◆ 大二结束前，在考研、出国、考公、找工作这4个选项中做出你的选择；

◆ 在大三一整年时间里，朝着你的目标去塑造简历，提升自己；

◆ 最后在大三下学期到大四开学的这段时间里，把握住考研、出国、考公、秋招的时间节点，做足准备。

对于还没拿到offer以及不知校招为何物的同学来说，问题并不单单出在求职技巧上，而可能是在一开始的规划和策略上就出现了问题。前面的功课没做好，基础差，后面到了求职阶段结果自然不会太好。

而拿到offer的同学也可能面临各种问题。比如尽管我在第五章讲了很多关于入职前必须了解的知识，但"应然"和"实然"之间的确是有差别的，很多事情道理上讲得通，但企业在实际操作中很可能不按常理出牌。同学们在面对这些"不太讲道理的操作"时，如果是有备选的就会更主动，可以为自己争取到更多利益和保障；但如果没备选，就只能是被动接受，为了保全offer和工作机会牺牲一些利益和保障。主动与被动，究其根本还是跟前期的规划和策略息息相关。

如果说求职是一场比赛，那么这本书里所讲的就是战术。但战术执行的前提是明智的战略，没有战略，或者说没有好的战略，空有好战术也只能是事倍功半，甚至是在错误的道路上越走越远。

对于应届生和在校生来说，求职中的战略问题就是职业定位问题，其中包括了很多同学们非常关注的话题。比如：

- 如何通过自我探索和自我认知明确自己的职业偏好？

- 如何看待各种职业测评的结果？如何将测评结果运用到职业定位中？

- 如何选择行业、岗位和公司，以及未来工作和生活的城市？

- 如何找到有发展的行业、岗位和公司？

- 如何针对目标行业、岗位和公司做调研，获取相关信息？

- 如何在多个职业目标之间做选择？如何在找工作、读研、出国、考公之间做抉择？

- 要不要从事专业对口的工作？

- 到底是先就业后择业？还是先择业后就业？

- ……

所有这些话题，我会在我的下一本书中一一讨论，也希望各位读者朋友们能像支持这本书一样，继续关注我的新作。

附录

- 大学生常见竞赛汇总表

- 英文简历常用实义动词汇总

▶扫码查看◀

（注：扫码点击"【书内拓展内容】"可查看本附录详细内容。）